LA CORTE

DE DIOS

**Es tiempo de ver la oración como un conflicto legal
Y no un enfrentamiento en el campo de batalla**

LA CORTE

DE DIOS

**Es tiempo de ver la oración como un conflicto legal
Y no un enfrentamiento en el campo de batalla**

Angela Bianca Echavarría

Ministerio Tiempo de Vivir

_____

Fecha

Este libro está dedicado a:

_____

_____

_____

_____

Nombre de la persona (s)

Regalo de:

_____

_____

DEDICACIÓN

Al Padre, al Hijo y al Espíritu Santo porque ellos me inquietaron y dirigieron a escribir este libro.

A mi familia quien ha visto mi cambio y por la cual oro todos los días. Por todos los momentos que sacrifiqué para escribir "un poquito más".

A todas las personas que me piden: "ore por mí", cada uno de ustedes me ha permitido ejercer mi dominio en La Corte de Dios y me ha motivado a escudriñar las escrituras hasta llegar a este libro.

A la Misionera María Cristina Ferreira, quien ha sido mi maestra en la ministración de liberación a los cautivos. Gracias por haberme transmitido todas sus enseñanzas adquiridas en sus 30 años de ministerio.

A los Pastores de la Iglesia Cristiana Fuente de Salvación (Lawrence, MA): Cecilia y Luis Leonor, mis Pastores. Gracias por la confianza depositada en mí como líder de esa iglesia. Ustedes me han permitido formarme y crecer en áreas jamás imaginadas.

Al grupo de intercesoras que ora conmigo a tempranas horas, porque han sido mis escuderas a lo largo de este proyecto de poner esta enseñanza en papel.

Agradecimientos especiales a la Dra. Dulce Fiore por haberme sacudió y activado, por haberme motivado a "desplegar mis alas".

A usted lector, para que el Señor alumbre los ojos de su entendimiento y le permita crecer en Él.

PRÓLOGO

Es un gran privilegio tener en mis manos este libro titulado: La Corte de Dios. Libro que será una herramienta maravillosa para estos últimos tiempos. Quisiera motivarles a escudriñarlo ya que a través de la lectura de este libro podemos todos recibir no solo el conocimiento de cómo movernos sabiendo cual es nuestro lugar como hijos del Rey; del mismo modo también podremos internalizar e implementar estas claves y herramientas para mayor crecimiento en nuestra vida espiritual.

Angela, mujer dotada por Dios con múltiples cualidades y preparación académica periodística y teológica nos ha llevado a nosotros a otras dimensiones espirituales con su primer libro: La Corte de Dios.

Angela nos ha encaminado a conocer, entender y a profundizar otras dimensiones por la palabra que nos dará una experiencia más amplia y efectiva basada en los poderes y autoridad de Dios para nosotros. Dios nos ha legalmente concedido, a través de la salvación que nos ha dado lugares y sitiales que son parte de este su reino aquí en la tierra, el cual es su Iglesia; y luego también en su reino venidero. La Corte de Dios, nos ubica y nos prepara para entender cómo movernos y como caminar con las destrezas y cualidades espirituales que Jesús nos ha concedido.

Angela en su libro, tipo manual, nos facilita: llaves, claves, destrezas muy bien implementadas y que están todas basadas en la palabra. Al mismo tiempo nos establecerán en un lugar de seguridad y confianza donde reinan los derechos legales del creyente que de verdad ha creído en su camino de salvación. Es una experiencia gigantesca que nos recuerda nuestro legado, concientiza a seguir las claves legales y nos establece aquí en la tierra a usar nuestra autoridad legal para no ser más engañados por el enemigo. Una vez Satanás tomó asidero legal y nos robó lo que nos tocaba, pero Jesús nuestro Salvador legalmente peleó y le arrebató al enemigo lo que nos pertenecía desde el principio.

Angela en su primer libro, nos instruye, educa e informa de lugares firmes, legales y seguros para que podamos experimentar los beneficios de disfrutar la Corte de Dios aquí en la tierra y también por la eternidad. Enhorabuena Angela, que Dios te siga llenando más sobre las riquezas de su sabiduría donde podemos por su Espíritu conocer aún lo profundo de Dios.

Dr. Dulce Fiore PhD. autora de libros cristianos, conferencista Internacional de Radio y Televisión, Psicoterapeuta Ind. y Fam.

Tener comunión con Dios, el altísimo, soberano y el único juez justo por excelencia es un privilegio que tenemos los seres humanos. El espíritu es la función más elevada de nuestro ser, y es mediante nuestro espíritu humano unido al Espíritu Santo y al poder de la sangre de Cristo derramada en la cruz del calvario aquí en la tierra, que podemos tener acceso a la Corte de Dios.

En esta magistral obra la autora muestra una vez más su extraordinario talento, no solamente con el micrófono y/ o mezclando colores como la pintora consagrada que es, sino también su gracia y sabiduría al deslizar su pluma en el papel y coordinar las palabras de manera amena.

A medida que entramos en esta obra literaria, vemos como desde el primer hasta el último capítulo, cada palabra ha sido escrita con una solidez bíblica y una brillantez que dejará satisfecho a cada lector.

Aprenderá sobre los pleitos espirituales y los detalles y requisitos que todos debemos conocer, tener y practicar para entrar a la corte de Dios y presentar los casos pequeños, grandes, difíciles y finalmente imposibles para los hombres poder ganarlos aquí en la tierra.

En la corte de Dios hay sesión permanentemente porque no tiene horarios ni lugares específicos y todos los casos son ganados porque el único juez justo nunca ha perdido una batalla.

América Ducasse, M Ed. Psicóloga Clínica.

INTRODUCCIÓN

Antes de esta revelación que compartiré con ustedes en este libro, yo creía que el juicio de Dios se llevaría a cabo en la segunda venida de Cristo, cuando Él vendrá a juzgar a vivos y a muertos (según lo descrito en el libro de Apocalipsis) pero, no tenía idea alguna de que existe una Corte Celeste que entra en sección diariamente para tomar decisiones que afectan nuestra vida dependiendo del veredicto que ejecuta el justo juez de acuerdo a su palabra que es LA LEY.

Debemos entender que el mundo espiritual opera a bajo principios legales y por lo tanto nuestras oraciones tienen que tener una base legal para ser contestadas. Muchas veces nuestras batallas espirituales se llevan a cabo tratando de derrocar algo que tiene derecho legal para existir.

Si usted tiene oraciones no contestadas y tiene mucho tiempo esperando en oración, si ha hecho guerra espiritual y a consecuencia de ello ha experimentado persecución y desanimo, entonces me gustaría que nos moviéramos a la dimensión divina, la que no opera de acuerdo a las leyes naturales del hombre, aquella que está sujeta y opera según las leyes de Dios.

Estamos en un conflicto, que la mayoría de nosotros enfrenta en el campo de batalla, sin embargo, Jesús nos enseña a enfrentarlo de manera legal, por lo tanto: no siempre necesitamos entrar en guerra espiritual. La enseñanza de Jesús en el evangelio de Lucas es una de las llaves que nos muestran que estamos ante un conflicto legal que se lleva a cabo en los cielos.

Recordemos que: Dios crea al hombre colocándolo en la tierra y entregándole ciertos derechos legales (Génesis 1:26).

La caída del hombre es un acto legal donde Adam transfiere ese dominio que él tenía en otras manos, las de Satanás. En consecuencia, se convierte en su esclavo.

El plan de redención de Dios (Génesis 3:15) es un plan perfecto ya que, para salvar al hombre de esclavitud, sin violar su propia justicia Él mismo baja del cielo y se hace hombre (se encarna). Fue hombre y fue tentado en todo, pero no tiene pecado (Hebreos 4:15).

Al morir en la cruz, lleva sobre Él todos los pecados de la humanidad y paga por ellos. La demanda de justicia por parte de Dios se cumple en Él.

Al pagar la penalidad y resucitar, El literalmente rompió el dominio de Satanás tomando su autoridad y poder. Sin embargo, esto sólo está disponible para los que creen en su nombre. Estos tienen un derecho legal a la herencia que como hijos Dios nos regala, a la vida eterna y a una victoria segura sobre Satanás.

Entonces usted se preguntará: ¿por qué tengo que seguir peleando contra el enemigo? La respuesta está en:

Job 1:7
Y dijo Jehová a Satanás: ¿De dónde vienes? Respondiendo Satanás a Jehová, dijo: De rodear la tierra y de andar por ella. El enemigo siempre anda rodeando la tierra buscando a quien devorar (1 Pedro 5.8), es decir no devora a su antojo, necesita:
1. Tener un derecho. El derecho se lo da el pecado.
2. Una víctima: aquel que es débil en la fe, que tiene falta de conocimiento, el que es temeroso, etc.

Cuando removemos el derecho legal del enemigo de impactar a una persona lugar o situación, vemos el rompimiento siendo derramado sobre esa persona, lugar o situación. Cuando limpiamos nuestras vidas y lidiamos con las cosas que tenemos que poner en orden, nos arrepentimos de nuestras iniquidades personales y cultuales, vemos el rompimiento en niveles nunca antes imaginados. Si tu oración no recibe respuesta es porque hay una razón legal impidiéndolo. Una vez que tratamos con la parte legal que impide al Señor contestar tus oraciones, la respuesta vendrá "rápidamente".

Por la gracia de Dios, soy una ministra de liberación y entiendo la importancia de "echar fuera un demonio" pero también entiendo que al enemigo hay que enfrentarlo de manera legal. Una cosa el Espíritu Santo me ha enseñado y es que si no se sigue el protocolo correcto el ministro puede desgastarse en el proceso de liberar a las personas de espíritus inmundos, ya que se puede entrar en un forcejeo durante la guerra espiritual que puede durar horas, días y hasta meses. Pero mi maestro, el Espíritu Santo, me enseñó que el primer paso es quitarles todos sus derechos a los espíritus y demostrarles (por la palabra de Dios) que no tienen ningún argumento para seguir adheridos a su víctima. Entonces y sólo entonces, le doy la orden de salir. Pero no siempre necesitamos entrar en guerra espiritual, la enseñanza de Jesús en el evangelio de Lucas es una de las llaves que nos enseña este principio.

Este libro está basado en la Parábola del Juez Injusto relatada en el Evangelio de Lucas en su Capítulo 18. Aquí Jesús nos revela los misterios y secretos para acudir a Dios como nuestro justo juez, nos enseña que en el momento en que entramos en oración estamos poniendo nuestros pies en La Corte de Dios.

En este libro aprenderás:
- A orar como Jesús nos enseñó
- Qué es la Corte de Dios
- Cómo presentarnos ante la Corte de Dios y apelar nuestro caso y el de otros.

ES TIEMPO DE VER LA ORACIÓN COMO UN CONFLICTO LEGAL Y NO UN ENFRENTAMIENTO EN EL CAMPO DE BATALLA.

ÍNDICE

CAPÍTULO 1

Las dimensiones de la oración

A lo largo de toda la Biblia vemos como la oración es el medio de comunicación entre Dios y el hombre. Es reconocer que sin Él no somos nada y que le necesitamos en cada área de nuestra vida.

La caída del hombre fue una declaración de independencia del Reino de Dios. Al Dios entregar el dominio al hombre (Génesis 1.26) quedó establecida una ley donde nosotros tenemos la autoridad sobre este planeta (el territorio que se nos dio para ejercer dominio), no Él.

Sin Dios el hombre no puede, sin el hombre Dios no hará. Lo que pasa en la tierra depende de nosotros.

Antes de recibir a Cristo somos parte del reino de este **mundo**, o sea el mundo de oscuridad donde reina Satanás. Ahora hemos entrado en un nuevo reino, un nuevo gobierno, el gobierno del Reino de Dios. Dios ha extendido el gobierno de su reino sobre la Tierra al hacernos embajadores. Por medio de nuestras vidas Dios puede entrar en el mundo y transformarlo y finalmente lograr el propósito de su reino en la humanidad.

Jesús nos enseñó que orar es entrar en intimidad con Dios, es poner nuestros pies en el terreno de lo sobrenatural (según Mateo 6:6). Mas tú, cuando ores, entra en tu aposento, y cerrada la puerta, ora a tu Padre que está **en secreto**; y tu Padre que ve en lo secreto te recompensará en público.

🔑 Lo secreto es entrar en una dimensión del espíritu.

Mateo 4:17
Arrepentíos el Reino de Dios ha llegado. Jesús vino para devolvernos el reino (gobierno), la condición: arrepentirse (cambiar de mentalidad).

El Reino de Dios no tiene barreras físicas o visibles. El Reino de Dios es un reino **espiritual**. Las fronteras del Reino de Dios van donde la **autoridad** del Rey es aceptada. El Reino de Dios es más grande de lo que imaginamos. Nuestro Dios no tiene límites y su autoridad se extiende más allá de toda la Tierra.

Juan 3:3
Respondió Jesús y le dijo: De cierto, de cierto te digo que el que no naciere de nuevo, no puede **ver** el Reino de Dios.

El Reino de Dios no es de este mundo, es sobrenatural. Hay que verlo con el ojo de la fe. El ser humano que no ha nacido de nuevo tiene su visión velada, entenebrecido el entendimiento (Efesios 4:18).

A los que les conocemos, Jesús prometió que nos prepararía lugar para entrar en otras dimensiones (Juan 14.2). En la Biblia se habla de los cielos en plural (Deuteronomio 10.14, 1 Reyes 8.27), es decir muchas dimensiones.

También se nos prometió que se nos darían las llaves para entrar a ese reino (Mateo 16:19). Las llaves son principios que representan control, acceso, autoridad. Mateo 16:19. Las llaves son instrumentos que abren y cierran y son dadas a personas responsables.

Lucas 11 Los discípulos le piden a Jesús que les enseñe a orar al preguntarle: "Señor enséñanos a orar". Jesús les va enseñando claves y secretos (llaves) que se registran empezando en el capítulo 11 hasta llegar al capítulo 18.

🔑 1era dimensión: acercarse a Dios como el Padre.

🗝 **Lucas 11:2**

Y les dijo: Cuando oréis, decid: Padre nuestro que estás en los cielos; sea tu nombre santificado. Venga tu reino. Sea hecha tu voluntad, como en el cielo, así también en la tierra.

Jesús nos enseñó a acercarnos a Dios como el <u>Padre</u>: el que da amor, el que corrige. Esto sólo se logra a través del Espíritu Santo el cual trae el espíritu de adopción a nosotros (Romanos 8:15).

🗝 Para mis necesidades me aproximo a Él como Padre.

🗝 Entro al lugar llamado: <u>El Trono de Gracia</u>. Allí alcanzo misericordia y hallo gracia delante del Padre.

🔑 2da dimensión: acercarse a Dios como amigo.

Lucas 11:5-8

V5 Les dijo también: Quién de vosotros tendrá un amigo, e irá a él a medianoche, y le dirá: Amigo, préstame tres panes,

V6 porque un amigo ha venido a mí de camino, y no tengo qué ponerle delante;

V7 y el *de* dentro respondiendo, dijere: No me seas molesto; la puerta está ya cerrada, y mis niños están conmigo en la cama; no puedo levantarme, y darte.

V8 Os digo, que aunque no se levante a darle por ser su amigo, sin embargo por su importunidad se levantará, y le dará todo lo que necesite.

✔ El amigo puede pedir y seguir pidiendo, buscar y seguir buscando, tocar y seguir tocando. En este tipo de oración tengo que ser persistente.

Juan 15:15 Ya no os diré siervos, porque el siervo no sabe lo que hace su señor; mas os he dicho amigos, porque todas las cosas que oí de mi Padre, os *las* he hecho notorias.

✔ Nos llamó amigos: al que se le confían los secretos y los planes. Ejemplo: Abraham fue llamado amigo de Dios Santiago 2:23.

✔ Los amigos entran en una dimensión llamada: El Consejo del Señor (Jeremías 23.18). Desde allí se hacen los decretos.

✔ Para las necesidades del otro, me aproximo a Él como amigo. Aquí yo soy un intercesor que presenta las necesidades de ese amigo, casa, nación, etc.

✱ **3era dimensión: presentante delante de Dios como nuestro Justo Juez**

Lucas 18:1-8
V1 Y les dijo también una parábola *sobre* que es necesario orar siempre, y no desmayar,

Jesús habla una parábola y cuando habla en parábolas, revelaba los misterios y secretos del reino. Esta enseñanza es la revelación de un principio bíblico que muestra el por qué algunas oraciones no son contestadas.

V2 diciendo: Había un juez en una ciudad, el cual ni temía a Dios, ni respetaba a hombre.

El título de injusto se le da porque su motivación no es hacer justicia sino conseguir "algo" o beneficiarse a cambio de esa justicia.

V3 Había también en aquella ciudad una viuda, la cual venía a él diciendo: Defiéndeme de mi adversario.

Pero esta mujer era viuda y pobre, así que ella no tenía bienes que ofrecer para conseguir que se le hiciera justicia.

La mujer lleva su caso a un juez, nunca cruzó una palabra con el acusador. En todo momento el dialogo se mantuvo entre ella y el juez. En la parábola, la mujer viuda entiende que el juez está por encima del adversario, que tiene más autoridad. Esto es muy importante porque mucha gente malgasta su tiempo hablando y dándole ordenes a los demonios, esta mujer no habló con su adversario ni una sola vez. Ella entendía que, si conseguía un veredicto de parte del juez, la base legal que su adversario pudiera tener seria invalidada y dejada sin poder porque el adversario tendría que rendirse, o doblar rodillas ante la decisión del juez.

V5 todavía, porque esta viuda me es molesta, le haré justicia, porque al fin no venga y me muela.

La viuda consiguió justicia a causa de su insistencia. Porque conocía sus derechos. Sabía que si la corte rinde un veredicto este sería ejecutado y puesto en acción. El veredicto de la corte es la lucha que nosotros tenemos (no es contra sangre ni carne) y la ejecución que esto conlleva es el campo de batalla.

V6 Y dijo el Señor: Oíd lo que dice el juez injusto.

Lucas 18:7 ¿Y Dios no defenderá a sus escogidos, que claman a él día y noche, aunque sea longánimo acerca de ellos?

La moraleja de la historia es que, si una viuda pobre consiguió que un juez corrupto le rindiera justicia, cuanto más nosotros podemos hacerlo de nuestro Dios que es el justo juez.

Jesús esta hablado de la oración, sin embargo, la lleva a nivel de corte y promete un sistema que nos rendirá justicia contra el adversario. **Cuando oramos entramos en un Tribunal,**

V8 Os digo que los defenderá presto.

Este es el único tipo de oración donde Jesús garantiza un tiempo de contestación: <u>pronto</u>.

✒ Me acerco a Él como juez, cuando estoy lidiando con un enemigo.

Si estas orando sin cesar y la oración no es contestada, entonces aprende a ir al juez. Aprende a acudir al sistema judicial del cielo porque hay algo legal resistiéndote y las cosas se moverán primero en el mundo espiritual para que las oraciones que están siendo bloqueadas puedan ser contestadas.

Debemos entender que el mundo espiritual opera a bajo principios legales y por lo tanto nuestras oraciones tienen que tener una base legal para ser contestadas (Santiago 4:3).

✒ Pedís, y no recibís, porque pedís mal, para gastar en vuestros deleites.

Si usted tiene mucho tiempo orando y su oración no recibe respuesta a pesar de su persistencia, es porque hay una razón legal impidiendolo, Una vez que tratamos con la parte legal que impide al Señor contestar sus oraciones, la respuesta vendrá pronto.

Muchos de nosotros creemos (o hemos sido enseñados) que cuando oramos entramos en una guerra espiritual y nos iniciamos en una batalla espiritual tratando de derrocar algo que tiene derecho legal para existir.

La escritura enseña que entramos en un *conflicto*, pero muchos se sorprenderán al descubrir que el conflicto se lleva a cabo en una corte y no en un campo de batalla. El protocolo de la guerra es muy diferente del protocolo de una corte, es decir que si nuestro comportamiento es equivocado o fuera de lugar nuestras oraciones no serán contestadas.

Cuando removemos el derecho legal del enemigo de impactar a una persona lugar o situación, veremos el rompimiento siendo derramado sobre esa persona, lugar o situación.

Cuando limpiamos nuestras vidas y lidiamos con las cosas que tenemos que poner en orden, nos arrepentimos de nuestras iniquidades personales y cultuales, veremos el rompimiento en niveles nunca antes imaginados.

Razones por las cuales las oraciones no son contestadas:

- Pecados sin confesar (los propios, los generacionales, a nivel de nación, etc.).
- Los motivos de nuestro corazón no son puros (Santiago 4:3).
- Tenemos ataduras generacionales con las que tenemos que tratar.
- Iniquidades en el corazón (Salmos 66:18).
- Falta de perdón (Mateo 6.14-15).
- Ídolos en nuestra vida (Salmos 24:3-4)
- No cumplir con los mandamientos de Dios (Levíticos 26:14-15).
- Derramar sangre inocente (Deuteronomio 19:10).

CAPÍTULO 2

El juicio: Jesús vs Satanás en la Corte de Dios

La Biblia es un libro muy interesante, pero hay que estudiarla cuidadosamente debido a que las historias allí relatadas no suceden de forma lineal. He leído muchos libros de misterio, pero éste no tiene comparación alguna ya que, en este libro a diferencia de cualquier otro libro, el autor se complace en revelarle sus misterios sólo a aquellos que le buscan. A continuación, estudiaremos el Juicio de Jesús en la Corte de Dios hasta poner las piezas del rompecabezas en orden.

❋ Jesús anuncia su muerte y el juicio de Satanás
Juan 12:27-31

Clave 1: Juan 12:28.
Padre, glorifica tu nombre. Entonces vino una voz del cielo. Lo he glorificado y lo glorificaré otra vez.

🗝 El Padre anuncia que después de su muerte será glorificado.
Clave 2: Juan 12:31

Ahora es el juicio de este mundo; ahora el príncipe de este mundo será echado fuera.

🔑 Jesús anuncia el juicio donde Satanás será declarado perdedor.

🧩 **Instrucciones de Jesús a sus discípulos en la Santa Cena. San Juan 14:1-31**
Por favor tome en cuenta que Jesús está hablando *específicamente* a sus discípulos, los está preparando para la tribulación en que van a entrar debido a su muerte cercana.

Clave 1: Juan 14:3
Y si me fuere y os preparé lugar, vendré otra vez, y os tomaré a mí mismo; para que donde yo estoy, vosotros también estéis.

🔑 Jesús les advierte:
1. Que se iba, moriría.
2. Para preparar lugar para ellos.
3. Pero volvería otra vez, resucitaría.
4. Ellos irían al mismo lugar que Él.

Clave 2: Juan 14:16
Y yo rogaré al Padre, y *Él* os dará otro Consolador, para que esté con vosotros para siempre.

🔑 Él traería al Espíritu Santo.

Clave 3. Juan 14:19
Todavía un poco, y el mundo no me verá más; pero vosotros me veréis; porque yo vivo, vosotros también viviréis. Léase también Juan 16:16, 18, 19 y 22.

1. Estas cosas sucederían en breve (todavía un poco).
2. El mundo no lo vería porque para ellos Él estaba muerto.
3. Ellos, sus discípulos, lo verían, se refería a los 40 días en que se les apareció.
4. Vosotros también viviréis, la muerte de Jesús traería vida eterna.

Qué sucede cuando Jesús muere (Colosenses 2:15).

Clave 1: Mateo 27:50-51
Mas Jesús, habiendo otra vez exclamado con gran voz, dio el Espíritu.
Y he aquí, el velo del Templo se rompió en dos, de alto a bajo; y la tierra tembló, y las piedras se hendieron.

La muerte de Jesús rompe el velo y ahora tenemos acceso directo al Padre Dios.

Clave 2: Colosenses 2:15
Despojando a los principados y a las potestades, los exhibió públicamente, triunfando sobre ellos en la cruz.

Jesús desarma a Satanás y a sus secuaces en la cruz.

Los santos después de la resurrección

Clave 1: Estudiar Lucas 16:19-31
V23 Y en el infierno alzó sus ojos, estando en *los* tormentos, y vio a Abraham *de* lejos, y a Lázaro en su seno.
V26 Y además de todo esto, una grande sima está constituida entre nosotros y vosotros, que los que quisieren pasar de aquí a vosotros, no pueden, ni de allá pasar a nosotros.

El Hades era el lugar de reposo de TODAS las almas, antes de Jesús. Los creyentes iban a un lugar que los Israelitas llamaban: "El Seno de Abraham". Este lugar estaba dividido por una gran sima, del otro lado estaba lo que conocemos como el infierno, donde estaba el hombre rico.

✎ Antes de la cruz, los santos estaban en el Hades en el Seno de Abraham.

Clave 2: Jesús lleva cautiva la cautividad.
Estudiar Efesios 4:8-10
V8 Por lo cual dice: Subiendo a lo alto, llevó cautiva la cautividad, y dio dones a los hombres.
V9 (Y que subió, ¿qué es, sino que también había descendido primero en las partes *más* bajas de la tierra?
V10 El que descendió, él mismo es el que también subió sobre todos los cielos para cumplir todas las cosas).

✎ Jesús descendió a las profundidades de la tierra y trajo consigo los **santos** que estaban en el seno de Abraham para que se cumpliera lo que les dijo a sus discípulos en Juan 14:2-4 que **iría a prepararles morada** y que a donde Él iba ellos estarían también.

Clave 3: Mateo 27:52-53
V52 y se abrieron los sepulcros, y muchos cuerpos de santos que habían dormido, se levantaron;
V53 y salidos de los sepulcros, después de su resurrección, vinieron a la santa ciudad, y aparecieron a muchos.

✎ **Los santos fueron testigos** de lo que Jesús hizo por nosotros en las profundidades de la tierra (Hades)

Clave 4: Estudiar 1 de Corintios 15:21-23

V21 Porque por cuanto la muerte *entró* por un hombre, también por un hombre la resurrección de los muertos.

V22 Porque de la manera que en Adán todos mueren, así también en el Cristo todos serán vivificados.

V23 Más cada uno en su orden: Cristo, las primicias; luego los que son de Cristo, en su venida.

Los santos son las primicias que Jesús presentó al Padre, una ofrenda de almas que no sufrirían más la muerte espiritual (el estar separados eternamente de nuestro Padre). Es el cumplimiento de la fiesta que lleva igual nombre, La Fiesta de las Primicias.

Aparece el Jesús resucitado
Estudiar Juan 20:1-31

Clave 1: El encuentro con María Magdalena, antes de subir al padre

V1 Y el primero de los sábados, María Magdalena vino de mañana, siendo aún tinieblas, al sepulcro; y vio la piedra quitada del sepulcro.

María Magdalena es **testigo** de la resurrección y la primera en hablar con el Cristo resucitado.

Clave 2: Jesús nuestro nuevo pacto

V11 Pero María estaba fuera llorando *junto* al sepulcro; y estando llorando, se bajó *y miró* al sepulcro;

V12 y vio dos ángeles en ropas blancas que estaban sentados, el uno a la cabecera, y el otro a los pies, donde el cuerpo de Jesús había sido puesto.

✔ Los ángeles en la misma posición de los ángeles del Arca del Pacto, porque esta muerte y resurrección simbolizan nuestro nuevo pacto.

Clave 3: Jesús va camino a ver el Padre

V17 Le dice Jesús: No me toques; porque aún no he subido a mi Padre; mas ve a mis hermanos, y diles: No subo a mi Padre y a vuestro Padre, a mi Dios y a vuestro Dios.

✔ No me toques, aún no he subido a mi Padre (tiempo presente). Jesús prohíbe a María tocarlo. El verso uno especifica que era de mañana.

Clave 4: El encuentro con Tomás, después de subir al padre.

V27 Luego dice a Tomás: Mete tu dedo aquí, y ve mis manos; y alarga acá tu mano, y métela en mi costado; y no seas incrédulo, sino fiel.

✔ Mete tu dedo aquí. Jesús invita a Tomás a tocarlo. El verso 19 especifica que era de tarde.

✸ Algo sucedió entre la mañana y la tarde de aquel día: Jesús subió al Padre para ser juzgado por la Corte Celeste. El suceso se relata en el Antiguo Testamento en **Daniel 7:9-23.**

Clave 1: Preparación del gran juicio, aparece el Padre

V9 Estuve mirando hasta que fueron puestas sillas; y un Anciano de gran edad se sentó, cuyo vestido *era* blanco como la nieve, y el pelo de su cabeza como lana limpia; su silla llama de fuego, sus ruedas fuego ardiente.

✔ El Anciano de Días es el Padre.

✔ Nótese la preparación de las sillas (o tronos) que se añaden para el gran juicio. ¿Para qué son estos tronos? Son para ti y para mí, Él es el Rey de reyes, y Él nos ha hecho reyes y sacerdotes. Los tronos están ahí puestos para nosotros, estamos supuestos a sentarnos en esos lugares celestiales (Ver Efesios 2.6).

Clave 2: Los libros se abrieron

V10 Un río de fuego procedía y salía de delante de él; millares de millares le servían, y millones de millones asistían delante de él: el juez se sentó, y los libros se abrieron.

La corte entra en sesión y se abren los libros, uno de esos libros es la Biblia (el Libro de la Ley). Tenemos derecho a ver lo que hay en los libros ya que ellos revelan nuestro destino.

Clave 3: Satanás ya no gobierna

V11 Yo entonces miraba a causa de la voz de las grandes palabras que hablaba el cuerno; miraba hasta tanto que mataron *a* la bestia, y su cuerpo fue deshecho, y entregado para ser quemado en el fuego.
V12 Habían también quitado a las otras bestias su señorío, porque les había sido prolongada la vida tiempo y tiempo.

El señorío de Satanás ya ha sido quitado, pero se le ha prolongado la vida para el gran Día del Juicio Final, cuando Jesús en persona vendrá a juzgar a vivos y muertos. Pero es importante notar y saber que ya no tiene derecho de reinar sobre nosotros.

Clave 4: Jesús obtiene el gobierno

V14 Y le dio señorío, y gloria, y reino; y todos los pueblos, naciones y lenguas le sirvieron; su señorío, señorío eterno, que no será transitorio, y su reino que no se corromperá.

En este juicio Jesús es coronado como Rey de reyes, con un reino eterno.

Clave 5: Los santos heredan el reino

V21 Y veía *yo* que este cuerno hacía guerra contra los santos, y los vencía,

V22 hasta tanto que vino el Anciano de gran edad, y se dio el juicio a los santos del Altísimo; y vino el tiempo, y los santos poseyeron el reino.

V26 Y se sentará el juez, y le quitarán su señorío, para destruir y para echar a perder hasta el fin;

V27 y que el reino, y el señorío, y la majestad de los reinos debajo de todo el cielo, sea dado al santo pueblo del Altísimo; Su reino, *será* eterno, y todos los señoríos le servirán y escucharán.

Satanás tenía derecho de oprimirnos y hacernos guerra:
Hasta que la cruz le quito el derecho.
Hasta que a los santos (nosotros) se nos hizo juicio V22
Este es nuestro tiempo (el de los santos) de poseer el reino.

Satanás no es un rey, es el príncipe de las tinieblas. El reino que él gobierna opera en rebeldía, por lo tanto es ilegal.

Estos versículos son la continuación de la explicación de la visión, el relato aquí está en tiempo futuro ya que para los tiempos de Daniel el Mesías no había nacido todavía.   La visión se cumplió cuando Jesús fue al Padre momentos después de encontrarse con María Magdalena.

CAPÍTULO 3

El juicio de Pedro

Mateo 12:36
Mas yo os digo que de toda palabra ociosa que hablen los hombres, de ella darán cuenta en el día del juicio.

✤ **Jesús anuncia la negación de Pedro**
Estudiar Mateo 26:30-35, también leer: Marcos. 14.26-31, Lucas. 22.31-34, Juan. 13.36-38.

V30 Y cuando hubieron cantado el himno, salieron al monte de los Olivos.
V31 Entonces Jesús les dijo: Todos vosotros os escandalizaréis de mí esta noche; porque escrito está: Heriré al pastor, y las ovejas del rebaño serán dispersadas.
V32 Pero después que haya resucitado, iré delante de vosotros a Galilea.
V33 Respondiendo Pedro, le dijo: Aunque todos se escandalicen de ti, yo nunca me escandalizaré.

V34 Jesús le dijo: De cierto te digo que esta noche, antes que el gallo cante, me negarás tres veces.

V35 Pedro le dijo: Aunque me sea necesario morir contigo, no te negaré. Y todos los discípulos dijeron lo mismo.

✓ Mas el que me negare delante de los hombres, será negado delante de los ángeles de Dios (Lucas 12:9).

✖ **Satanás pide la destrucción de los discípulos**
Lucas 22:31-32

V31 Dijo también el Señor: Simón, Simón, he aquí Satanás os ha pedido para zarandearos como a trigo;

V32 pero yo he rogado por ti, que tu fe no falte; y tú, una vez vuelto, confirma a tus hermanos.

✓ La pregunta es: ¿Dónde pidió Satanás permiso para zarandear o destruir a los discípulos? La respuesta es: en la Corte Celeste. Ver Apocalipsis 12.10.

✓ La palabra griega para **pedir** es exaiteomain que se traduce como demandar para ser juzgado

✓ La palabra griega para **rogar** es deomai que se traduce como peticionar. Peticionar usualmente significar hacer una petición en una corte. (Jesús pidió fe para sus discípulos en la Corte de Dios como nuestro abogado defensor).

✖ **Pedro niega a Jesús**
Mateo 26:69-75
Ver también Marcos 14:66-72, Lucas 22:55-62, Juan 18:15-18, 25-27.

V69 Pedro estaba sentado fuera en el patio; y se le acercó una criada, diciendo: Tú también estabas con Jesús el galileo.

V70 Mas él negó delante de todos, diciendo: No sé lo que dices.

V71 Saliendo él a la puerta, le vio otra, y dijo a los que estaban allí: También éste estaba con Jesús el nazareno.

V72 Pero él negó otra vez con juramento: No conozco al hombre.

V73 Un poco después, acercándose los que por allí estaban, dijeron a Pedro: Verdaderamente también tú eres de ellos, porque aun tu manera de hablar te descubre.

V74 Entonces él comenzó a maldecir, y a jurar: No conozco al hombre. Y en seguida cantó el gallo.

V75 Entonces Pedro se acordó de las palabras de Jesús, que le había dicho: Antes que cante el gallo, me negarás tres veces. Y saliendo fuera, lloró amargamente.

La profecía de Jesús de que Pedro lo negaría tres veces, se cumple en este capítulo. Me gustaría que leyera cuidosamente el versículo 72 donde enfatiza: "no conozco al hombre" y el 74 donde aparte de negarlo, maldijo. La consecuencia de su actuación la vemos más adelante en el libro de Marcos.

 Pedro es descalificado como discípulo

Marcos 16: 7

V7 Pero id, decid a sus discípulos, y a Pedro, que él va delante de vosotros a Galilea; allí le veréis, como os dijo.

Después de la resurrección de Jesús, Pedro va a visitar su tumba acompañado de algunos discípulos. De la manera en que el ángel se dirige a él en el versículo 7 nos muestra claramente que en el mundo espiritual en el mismo momento en que Pedro lo negó, fue **descalificado** para ser llamado discípulo.

 Jesús trata con las evidencias

Clave 1

El enemigo necesita presentar algún tipo de evidencia para poder descalificarnos legalmente. Estudiemos el libro de Lucas 22.

V50 Y uno de ellos hirió a un siervo del sumo sacerdote, y le cortó la oreja derecha.

V51 Entonces respondiendo Jesús, dijo: Basta ya; dejad. Y tocando su oreja, le sanó.

Al sanar la oreja, Jesús estaba **deshaciendo la posible evidencia** que el enemigo podría tener de que una persona sin amor y violenta no podía ser discípulo. Este suceso ocurre en la noche que Jesús es arrestado. Leer en Marcos 14: 26-31 y en Juan 13:36-38 donde claramente se revela que tal discípulo era Pedro.

Sin embargo, vemos en Mateo 26:75 que, a pesar de la advertencia de Jesús a Pedro de su negación, a él se le olvida y por eso llora amargamente.

Clave 2

Ahora veamos como Jesús después de su resurrección tiene que cumplir su papel de intercesor y descalificar la evidencia que el acusador presentaba en su contra (Juan 21.15).

V15 Cuando hubieron comido, Jesús dijo a Simón Pedro: Simón, hijo de Jonás, ¿me amas más que éstos? Le respondió: Sí, Señor; tú sabes que te amo. Él le dijo: Apacienta mis ovejas.

V16 Volvió a decirle la segunda vez: Simón, hijo de Jonás, ¿me amas? Pedro le respondió: Sí, Señor; tú sabes que te amo. Le dijo: Pastorea mis ovejas.

V17 Le dijo la tercera vez: Simón, hijo de Jonás, ¿me amas? Pedro se entristeció de que le dijese la tercera vez: ¿Me amas? y le respondió: Señor, tú lo sabes todo; tú sabes que te amo. Jesús le dijo: Apacienta a mis ovejas.

Nótese que Jesús repite la misma pregunta <u>tres veces,</u> la misma cantidad de veces que Pedro lo negó. Esto así porque con cada reconocimiento del amor de Pedro por Jesús se borraba la evidencia que lo acusaba en la Corte Celeste. Al final vemos como Jesús le recuerda su propósito: apacentar sus ovejas.

CAPÍTULO 4

El juicio de Job

✖ **Satanás pide destruir a Job**
Estudiar Job capítulos 1 y 2

✓ Satanás se presenta ante la presencia de Dios **(Job 1:6, 2:1)**.

✓ El enemigo siempre anda buscando a quien destruir **(Job 1:7, 2:2)**.

✓ Existe un cerco de protección que el enemigo no puede tocar, está puesto por Dios alrededor de aquel que confía en Él **(Job 1:10, 2:3)**

✓ Satanás tiene límites **(Job 1:11, 2:6)**.

✓ La acusación usada en contra de Job: que él servía a Dios con motivos egoístas y de quitársele la bendición no serviría a Dios más. Él se basaba en Job 5.1, donde Job ofrecía holocausto por sus hijos como una manera de ganar el favor de Dios. Esto lo podemos ver también en Job 3:25: Porque el temor que me espantaba me ha venido, Y me ha acontecido lo que yo temía. Los sacrificios eran basados en obras y no en fe.

Al salir de la presencia de Dios Satanás afligió terriblemente a Job física y emocionalmente porque tenía permiso.

✖ **Job defiende su causa**

Por dos ocasiones en el libro de Job (capítulos 1 y 2), Satanás aparece ante la Corte de Dios y pide permiso para hacerle daño. El acusador está ganando el caso "por defecto" hasta que, después de pasar innumerables calamidades, el fiel Job está listo para preparar su causa y presentarse ante el justo juez y lo hace persistentemente. Estudiemos los siguientes versículos:

Job 5:8
Pero yo buscaría a Dios, y delante de Dios presentaría mi causa.

Job 13:3
Mas yo hablaría con el Todopoderoso, y querría disputar con Dios.

Job 13:15
Aunque Él me mate, en Él esperaré; pero defenderé mis caminos delante de Él.

Job 13: 17-19
V17 Oíd con atención mi razonamiento, Y mi declaración entre en vuestros oídos.
V18 He aquí ahora, si yo expusiere mi causa, Sé que seré justificado.
V19 ¿Quién es el que contenderá conmigo? Porque si ahora yo callara, moriría.

Job 22:30
Él libertará al inocente, Y por la limpieza de tus manos éste será librado.

Job 23:3-4
V3 ¡Quién me diera el saber dónde hallar a Dios! Yo iría hasta su silla.

V4 Expondría mi causa delante de Él, Y llenaría mi boca de argumentos.

Job 23:7
Allí el justo razonaría con Él, y yo sería librado para siempre de mi juez.

Es importante resaltar que esta historia es relatada en el Antiguo Testamento. Job todavía no tiene entrada al Trono de Gracia y Misericordia como lo tenemos nosotros los que estamos en el nuevo pacto. Es por eso que se pregunta cómo será posible para él llegar delante de Dios (en el capítulo 23: 3-4)   Sin embargo, Job sigue persistiendo ante la justicia de Dios.

La moraleja de este libro es que nosotros no tenemos que esperar a que el enemigo nos destruya para presentar nuestro caso. Al ser parte del nuevo pacto, la sangre de Cristo nos califica para ir a la presencia de nuestro Padre-Juez y podemos hacerlo AHORA. Si el enemigo trata de traer nuestro pasado o nuestro pecado, el juez no le permitirá usarlos en nuestra contra como evidencia ya que han sido pagos, están cubiertos por el pacto nuevo de nuestro eterno cordero Jesús y están puestos en el olvido.

Job 42:5
De oídas te había oído: Mas ahora mis ojos te ven.

También aprendemos que las tribulaciones nos acercan a Dios, nos esculpen y moldean nuestro carácter. Lo que el enemigo planea para nuestro mal el Justo Juez lo tornará en bendición, si nos mantenemos fieles hasta el final (Job 42.10).

CAPÍTULO 5

El juicio del sacerdote Josué

Estudiemos a Zacarías 3:1-10. Este caso es sumamente interesante, ya que el acusado aparece en el juicio.

V1 Luego el Señor me mostró en una visión a Josué, el sumo sacerdote, que estaba de pie en presencia del ángel del Señor. Al lado derecho de Josué estaba el ángel acusador, que se disponía a acusarle.

✒ El Ángel del Señor es Jesús pre-encarnado, nótese que habla como Señor, sin embargo, se distingue de Jehová cuando se dirige a Satanás (ver Jueces 13:21-23).

V2 Y dijo Jehová a Satanás: Jehová te reprenda,

✒ Igual que en Génesis 11:6-7 vemos que cuando Dios se habla a si mismo está teniendo lugar una conversación entre el Padre y Jesucristo.

V3 Y Josué estaba vestido de vestiduras viles, y estaba delante del ángel.

✔ Vestiduras viles representan el pecado del pueblo, la razón por la cual él está siendo acusado.

V4 Y habló el ángel, y mandó a los que estaban delante de él, diciendo: Quitadle esas vestiduras viles. Y a él le dijo: Mira que he quitado de ti tu pecado, y te he hecho vestir de ropas de gala.

✔ Jesús hablando de que el quito su pecado y cambio sus ropas (fue absuelto).

V5 Después dijo: Pongan mitra limpia sobre su cabeza. Y pusieron una mitra limpia sobre su cabeza, y le vistieron las ropas. Y el ángel de Jehová estaba en pie.

✔ No tenemos que estar limpios para entrar a la Corte de Dios, Jesús (en este caso personalizado en el ángel del Señor) se encarga de limpiarnos.

V6 Y el ángel de Jehová amonestó a Josué, diciendo:
V7 así dice Jehová de los ejércitos: Si anduvieres por mis caminos, y si guardares mi ordenanza, también tú gobernarás mi casa, también guardarás mis atrios, y entre éstos que aquí están te daré lugar.

✔ Hemos sido invitados a tomar parte en la Corte de Dios. Allí se nos llama a ejercer gobierno.

✔ Tanto en el V5 como en el V6 Josué recibe un trato de rey.

✔ Durante todo el capítulo es Jesús, nuestro abogado (conocido en el Antiguo Testamento como el ángel de Jehovah) que enfrenta al acusador. Josué jamás enfrento a su adversario.

✔ La visión tiene lugar no en la tierra, sino en el reino de los cielos. Josué era un hombre, un sacerdote (igual que nosotros) y tenía acceso a la presencia de Dios. Satanás estaba acusándolo. Las acusaciones se llevan a cabo en la Corte de Dios, porque en las cortes es donde se acusa y se rinden los veredictos.

Estudiemos esta versión en Inglés de la Bíblia English Revised Version.

V7 Thus saith the LORD of hosts: If thou wilt walk in my ways, and if thou wilt keep my charge, then thou also shalt judge my house, and shalt also keep my courts, and I will give thee a place of access among these that stand by.

✦ **Shalt judge my house:** Juzgará mi casa. La palabra hebrea para juzgar es dyin que se traduce como defender un caso

✦ **Keep my courts** traducido literalmente al español seria mantener mis tribunales'

✦ **I Will give thee a place of access** es la traducción de la palabra hebrea amad que significa presentarse delante del rey

Al combinar estas dos palabras hebreas podemos entender a que el versículo 7 se refiere a que Dios le está dando libertad de entrar a su presencia y que le concede el privilegio de entrar a su Corte.

V8 Escucha pues, ahora, Josué sumo sacerdote, tú y tus amigos que se sientan delante de ti, porque son varones simbólicos. He aquí, yo traigo a mi siervo el Renuevo (Isaías 4:2; Jeremías 23:5; 33:15; Zacarías 6:12).

✦ El renuevo se refiere al Mesías, Jesús.

CAPÍTULO 6

Entendiendo la Corte de Dios

La Biblia está llena de términos legales algunos de ellos son: petición, acusación, juez, corte, testigo, juico, abogado, acusador.

La palabra ley se menciona 486 veces en la Biblia., la palabra juez 39, juicio 285 y justicia 360 aproximadamente.

La Ley

1 Samuel 10.25
Recitó luego al pueblo las leyes del reino y las escribió en un libro el cual guardo delante de Jehová.

Santiago 4:12
Sólo hay un dador de la ley y juez, que es poderoso para salvar y para destruir; pero tú, ¿quién eres que juzgas a tu prójimo?

🔑 A la palabra de Dios se le llama "La Ley". En las conversaciones relativas a la Biblia, la palabra "ley" se refiere a las leyes de Dios.

Recordemos que las leyes no las originó Moisés, ni Noé, ni ninguno de los profetas, sino Dios personalmente.

✓ La Biblia está dividida en: Antiguo y Nuevo <u>Testamento</u>, es decir los títulos con que la llamamos son términos legales.

✓ Jesús se sentó a la diestra del padre después de haber "redimido" a la raza humana (redimir significa: comprar, dejar libre a un cautivo o esclavo después de haber pagado un precio por él). En otras palabras, Jesús hizo una transacción legar para pagar nuestra deuda de pecado.

✓ El plan de redención no puede ser entendido al menos que sea leído desde un punto de vista legal. En este contrato legal existen tres partes involucradas: Dios, el hombre y Satanás.

El juez

Salmos 50:6
Y los cielos declaran su justicia, porque Dios mismo es el juez.

Isaías 33:22
Porque el Señor es nuestro juez, el Señor es nuestro legislador, el Señor es nuestro rey; El nos salvará.

Salmos 82:1
Dios ocupa su lugar en su congregación; El juzga en medio de los jueces.

Salmos 58:11
Y los hombres dirán: Ciertamente hay recompensa para el justo, ciertamente hay un Dios que juzga en la tierra.

Génesis 18:25
Lejos de ti el hacer tal, que hagas morir al justo con el impío, y que sea

el justo *tratado* como el impío; nunca tal hagas. El juez de toda la tierra, ¿no ha de hacer derecho?

Salmos 43:1
Júzgame, oh Dios, y pleitea mi pleito; de gente no misericordiosa, de varón de engaño me libra.

Según el Word Conference: Un juez es una persona que tiene autoridad para juzgar y sentenciar. Persona que se encarga de hacer que se respeten las reglas y de repartir los premios al público.

Según el Wiki Cristiano: Uno de los grandes temas de los Salmos es la función de Dios como juez supremo (Salmos. 7:8, 11, 9:8, 58:11, 82:1, 96:13). Los hombres a menudo apelaron a Dios cuando sentían que sufrían injusticias de mano de los hombres (Salmos 35:24, 43:1). En definitiva, Dios será el juez final y su juicio satisfará todas las demandas de la justicia (Ezequiel. 33:20, 2 Timoteo. 4:1, Apocalipsis 19:2). Él ha designado un día en que ha de juzgar al mundo) con justicia (Hechos. 17:31). La base del justo juicio de Dios será, en cada caso, la evidencia de la vida de cada persona juzgada (Eclesiastés. 12:14; Lucas. 19:22; Romanos 2:12, 27, 14:10; 2 Colosenses 5:10; Apocalipsis 20:12, 13).

Justicia

Eclesiastés 12:14
Porque Dios traerá toda obra a juicio, juntamente con toda cosa encubierta, sea Buena o sea mala.

Según The Free Dictionary: Justicia es el ejercicio del derecho y aplicación de las leyes por parte de tribunales, magistrados o conjunto de personas competentes.

Según Word Reference: Virtud que inclina a dar a cada uno lo que le pertenece o lo que le corresponde. Pena o castigo y su aplicación.

Administrar justicia es aplicar las leyes en los juicios civiles o criminales y hacer cumplir las sentencias.

Dios trajo justicia a su gente (a la gente que cree en Él, los creyentes) a través de Jesús.

Isaías 42:1 y Mateo 12:18
He aquí mi siervo, a quien he escogido; Mi Amado, en quien se agrada mi alma; Pondré mi Espíritu sobre Él, y a los gentiles anunciará **juicio**. Y en su nombre esperarán los gentiles.

🔑 Jesús traería justiciar a través de las buenas nuevas del evangelio y esto sería para todos (incluyendo a los gentiles, es decir nosotros).

Mateo 6:33
Mas buscad primeramente el Reino de Dios y su justicia, y todas estas cosas os serán añadidas.

🔑 El reino (gobierno de Dios) está sujeto a su sistema de justicia, una cosa trae la otra. La justicia de Dios va de acuerdo con su ley. No está de acuerdo, o limitada, a las leyes terrenales o de una nación. Su ley se escribe cuando Él habla.

Apocalipsis 19:11
Luego vi el cielo abierto, y apareció un caballo blanco. Su jinete se llama Fiel y Verdadero. Con justicia dicta sentencia y hace la guerra.

🔑 Antes de irse a batalla, Dios administra justicia.

Los juicios divinos

La Corte Celeste nunca para de funcionar, siempre está abierta. La Biblia habla de unos juicios que ya fueron pre-establecidos, cada uno tiene su propio calendario o lugar en el tiempo. Algunos ya se dieron, otros ocurren diariamente y otros están por cumplirse con la venida del Señor Jesús.

✖ El juicio del pecado

Este. juicio del pecado se inició en el huerto de Edén con la primera pareja que desobedeció a Dios.

Dios había dicho: "Mas del árbol de la ciencia y del bien y del mal no comerás, porque el día que del comieres ciertamente morirás".

Los resultados de la desobediencia:
- El pecado separa al hombre de Dios (Isaías 59: 2).
- El pecado afecta al mundo entero (Eclesiastés 7: 20).
- La humanidad quedó destituida de Dios (Romanos 3: 23).
- Y la palabra nos afirma que la paga del pecado es muerte (Romanos 6:23).
- Ninguna persona tendría salvación porque todos somos pecadores (Romanos 6:23). El alma que pecare esa morirá (Ezequiel 18: 4).

La solución divina:
Jesucristo. Él pago la multa cuando Él murió por nosotros. Dios en su sabiduría infinita encontró la única forma de salvarnos sin quebrantar su ley. Dios primero nos condenó y luego envió a su propio hijo para salvarnos.

Salmos 85: 10
La misericordia y verdad se encontraron;
La justicia y la paz se besaron.

✒️ Día de la Expiación en el santuario terrenal simbolizaba el juicio y el plan de Dios para erradicar el pecado y restaurar en el universo la perfecta armonía

En el santuario terrenal, los pasos simbólicos eran:

1. El macho cabrío del Señor sacrificado pagaba por los pecados del pueblo.

2. El sacerdote esparcía la sangre ante el propiciatorio.

3. El juicio se llevaba a cabo en este orden: (1) Los justos eran confirmados, (2) Los que no se arrepentían eran cortados del pueblo y (3) El registro total de los pecados era erradicado del Santuario.

4. El total de los pecados era puesto sobre el macho cabrío vivo, Azazel.

5. El macho cabrío, Azazel, era enviado al desierto.

6. El pueblo era limpiado de sus pecados.

7. Todos comenzaban un año nuevo con un registro limpio.

❀ Estos pasos simbólicos representaban eventos de expiaciones literales que a su vez eran copia de los servicios del Santuario Celestial-El centro divino para el universo. He aquí lo que cada uno significa:

1. La muerte expiatoria de Jesús en sustitución del hombre (1 Corintios 15:3, 5:7).

2. Jesús como nuestro Sumo Sacerdote restaura a su pueblo a la imagen de Dios (Hebreos 4:14-16 Romanos 8:29).

3. El juicio provee registros para confirmar vidas (buenas y malas) y desde allí se borran los registros del pecado en el Santuario Celestial (Apocalipsis 20:12 Hechos 3:19-21).

4. La responsabilidad por iniciar el pecado y por causar que todos pequen es puesta sobre Satanás (1 Juan 3:8 Apocalipsis 22:12).

5. Satanás es enviado al desierto (los 1,000 años del capítulo 20 de Apocalipsis).

6. Satanás, el pecado y los pecadores son erradicados permanentemente (Apocalipsis 20:10 21:8 Salmos 37:10,20 Nahúm 1:9).

7. Una nueva tierra es creada para el pueblo de Dios. Todo lo que se había perdido por causa del pecado es restaurado a los santos del Señor (2 Pedro 3:13 Hechos 3:20,21).

La expiación no se completa hasta que el universo y todo en él sea restaurado a la condición que existía antes del pecado—y con la seguridad que el pecado nunca más resurgirá.

El juicio pos-muerte

Cuando una persona muere es juzgado inmediatamente, para saber si esa persona se ha de ir al cielo o al infierno. Será juzgado según cual haya sido su conducta y sus frutos. También se le juzgará por su comportamiento con nuestro Señor Jesucristo, por ejemplo: Si rechazo el evangelio y a Cristo, tal persona es condenada, debe ir al infierno.

Hebreos 9: 27
Y de manera que está establecido para los hombres que mueren una sola vez y después de esto el juicio.

Lucas 16: 23
El rico que rechazó a Dios en la tierra por lo cual su destino fue el Hades, el infierno.

Juan 3:18
Todas aquellas personas que rechazan el evangelio y a Jesucristo tienen por destino el infierno.

El juicio por tomar indebidamente la Cena del Señor
(1 Corintios 11:27-34).

El participar indignamente, es decir, no discerniendo correctamente la Cena del Señor tiene dos repercusiones:

1. Inmediata: "muchos enfermos y debilitados, y muchos duermen, se refiere a una condición espiritual de desánimo, como no asistir a las reuniones, poco estudio de la Biblia, una

disminución en la oración, poca comunión con Dios y los hermanos, etc.

2. Juicio futuro: "será culpable del cuerpo y de la sangre del Señor"

El juicio de Satanás

Jesús ya:

- Venció al que tenía el imperio de la muerte el diablo (Hebreos 2: 14).
- Derrotó a las potestades y principios (Colosenses. 2:14-15).
- Jesucristo le quitó las llaves de la muerte al Diablo (Apocalipsis 1:18).
- Jesucristo fue a predicar al Infierno y a libertar a los cautivos (Efesios 4:8-10) y de la misma manera a juzgar al diablo y derrotarlo (Juan 16: 11, 14:30, 12:31).

Satanás no pasará por el juicio final, él ya fue juzgado en la cruz de Cristo, en su muerte y en su resurrección. Ya estudiamos esto en el Capítulo no. 2. Sin embargo, en Apocalipsis 20:10, Satanás es lanzado al lago de fuego eterno, Esto sucederá antes de que ocurra el juicio final el cual la Biblia llama el juicio del trono blanco (Apocalipsis 20: 11).

El juicio de los ángeles caídos

Este juicio ocurrirá al final de la tribulación, cuando Cristo venga a reinar a la tierra de acuerdo a Isaías 24:21-22. Acontecerá aquel día que Jehová castigará al ejército de los cielos en lo alto y a los reyes de la tierra sobre la tierra. Y serán amontonados como se amontona a los encarcelados en mazmorra y en prisión quedarán encerrados y serán castigados después de muchos días.

Sucederá en este orden:

- La vuelta de Cristo después de la tribulación (Mateo 24 29-30).
- Las potestades serán castigadas en el aire (Isaías 24 :21).
- Serán puestos en una cárcel subterránea (Isaías 24: 22).
- Después de mil años serán juzgados al final del milenio juntamente con el diablo todos los dominios y los ángeles caídos (2 Pedro. 2:4; Judas 6, Lucas 8:31, Mateo 8:29, Apocalipsis 20:10).
- Los ángeles caídos y los demonios serán puestos en el lago de fuego preparado para el diablo y sus ángeles (Mateo 25: 41).

La Iglesia juzgará a los ángeles caídos (1 Corintios 6:3).

El juicio de las naciones

Este juicio tendrá lugar cuando Cristo venga a la tierra, finalizando la gran tribulación (Mateo 24:29-30, Apocalipsis. 1:7). Todo esto acontecerá en la vuelta de Cristo con sus ángeles y su iglesia cuando Él afirme sus pies sobre el Monte de los Olivos (Zacarías. 14:4).

- Este juicio específicamente es para decidir que naciones entrarán en el milenio. De acuerdo con Mateo 25:32-40, podemos observar 3 tipos de naciones.
- Serán reunidas delante de él todas las naciones, y apartará unos a otros, como aparte el pastor las ovejas de los cabritos.
- Y en el versículo 40 hermanos deben ser los judíos de Jesús según la carne (Mateo 28:10, Juan 4:22, Gálatas 4:4).
- Naciones ovejas: son aquellos que han respetado a Dios y sus leyes ellas entrarán al milenio.
- Naciones cabritos: son estas naciones corruptas que desobedecieron las leyes de Dios. Estas son naciones sanguinarias perseguidores del pueblo de Israel

En esa ocasión el mundo sufrirá muchas alteraciones y estará muy reducido, porque naciones enteras desaparecieron del mapa (Zacarías 14: 16), la Biblia dice que todos los sobrevivieron de todas las naciones entrarán al milenio.

- **El juicio de las Iglesias, el tribunal de Cristo** (2 Corintios 5:10, 1 Corintios 4:5).

Este juicio es exclusivamente para todos los cristianos, recuerde que este juicio no es el juicio final, porque la Iglesia no pasará por este juicio, porque escrito está: al que cree en Cristo no vendrá a juicio de condenación (Juan 5:24, Juan 3:18).

- El propósito de este juicio no es para saber si la persona se salva o se pierde. En este juicio no se juzgarán nuestros pecados de antes, porque Dios promete que nunca más se acordará (Miqueas 7:19, Hebreos 8:12). Lo que se juzgará será nuestra motivación, conducta, trabajo, comportamiento, el ejemplo hacia los demás, qué hizo durante su vida cristiana, trabajó con fidelidad, etc. (2 Corintios 5:12, 1 Corintios 4:5, Romanos 14:12 y 14:1).

- **El juicio del Gran Trono Blanco, el juicio final**

- Este juicio será después del milenio, donde resucitaran los impíos de todos los tiempos ellos resucitarán de acuerdo como está escrito en Apocalipsis 20:11-15.
- El pecador ha sido condenado desde el momento en que rechazó a Jesucristo como su Salvador, por lo cual su sentencia final es el lago de fuego y de azufre (Marcos 9:48, 2 Pedro 2:9, Apocalipsis 20:13-14, Apocalipsis 21:8, 20:15).
- Este castigo es eterno donde el gusano de ellos no muere y el fuego nunca se apaga (Marcos 9:44–48). Será el tormento final

juntamente con el diablo y sus ángeles caídos (Apocalipsis 20:10, Mateo 25:41).

- En este juicio habrá millones de millones de personas (Deuteronomio 7:10, Apocalipsis 20:12); en esa ocasión Dios fijará el destino eterno de tales personas.

¿Cuándo?

- Este juicio será después del milenio (Apocalipsis 20:5)
- Al finalizar el milenio Satanás será suelto (Apocalipsis 20:7)
- Luego Satanás engañará a las naciones y hará que esas naciones se revelen contra Dios (Apocalipsis. 20: 9) y Dios mandará fuego del cielo y los consumirá.
- Satanás será lanzado al lago de fuego (Apocalipsis 20:10)
- Después que Satanás sea lanzado al lago de fuego aparecerá el gran trono blanco (Apocalipsis. 20:11).

¿Dónde?

En este juicio final cuando Jesucristo se sienta en el trono, desaparecerán los cielos y la tierra (Apocalipsis. 20:11), o sea parte del sistema solar; este juicio se llevará a cabo en el aire. Porque Juan relata que cuando vio que la tierra desaparecerá o se terminará, se presentarán los muertos grandes y pequeños delante del trono.

Jesucristo juzgará

2 Timoteo 4:1

Te encarezco delante de Dios y del Señor Jesucristo, que juzgará a los vivos y a los muertos en su manifestación y en su reino.

Juan 5: 22

Porque ni aun el Padre juzga a nadie, sino que todo juicio se lo ha confiado al Hijo,

Porque ni aún padre a nadie juzga sino todo el juicio lo dio al hijo de la misma manera Jesucristo es considerado juez de los vivos y de los muertos (2 Timoteo 4:1, Hechos 17:30, 1 Pedro 4:5, Juan 5:8:16).

Los apósteles ayudarán también a juzgar
Apocalipsis 20:4
Y vi tronos, y se sentaron sobre ellos los que recibieron facultad de juzgar; y vi las almas de los decapitados por causa del testimonio de Jesús y por la palabra de Dios, los que no habían adorado a la bestia ni a su imagen, y que no recibieron la marca en sus frentes ni en sus manos; y vivieron y reinaron con Cristo mil años.

Los profetas apóstoles, patriarcas y parte de los creyentes bien fieles tomarán este privilegio de ayudar al Señor Jesucristo a juzgar a los impíos fallecidos.

El abogado de la defensa

Al estudiar la biblia nos damos cuenta de que tenemos dos abogados de la defensa, uno en el cielo y otro en la tierra. Un sinónimo es mediador o intercesor.

En el cielo, Jesucristo
1 Juan 2:1
Hijitos míos, estas cosas os escribo para que no pequéis; y si alguno hubiere pecado, abogado tenemos para con el Padre, a Jesucristo el justo.

El abogado es la persona que habla en lugar de otra, el término se usa frecuentemente para definir a un individuo que ha estudiado las leyes y tiene entrenamiento para representar a otros en la corte. La escritura está diciendo que Jesús está entrenado legalmente para representarnos y que a través de Él se nos garantiza el salir impunes porque Él tomó sobre sí mismo el castigo que nosotros merecíamos.

✒ En la tierra, El Espíritu Santo
Juan 14:16-17, 26

Aunque en las traducciones en español llaman al Espíritu Santo el consolador o mediador, en las traducciones en inglés se le llama el **abogado.**

Es importante resaltar que el **mediador** es la persona que habla con las dos partes antes de entrar en juicio.

Según el Wiki Cristiano: <u>un mediador</u> (heb. "ser un portavoz"; gr. mesíts [de mésos ("medio") eimí ("ir"); así, "mediador", "árbitro" literalmente "un intermediario". Alguien, que actúa entre dos que están en disputa con miras a efectuar una reconciliación o acuerdo, ya sea por lograr armonizar los puntos de vista o intereses divergentes, o por establecer un acuerdo que ambos puedan aceptar.

✒ El Espíritu Santo es abogado y mediador al mismo tiempo.

✒ El Espíritu Santo es el que dirige los procedimientos en la corte. Sin su guía se nos sería imposible presentarnos en este lugar. Él es el que mantiene en harmonía a todos los presentes en la corte. También es el que nos inspira en caso de faltarnos las palabras. El Espíritu Santo es el poder en cada palabra que sale de la boca de Dios.

Juan 16: 8-11

V8 Y cuando Él venga, convencerá (culpará) al mundo de pecado, de justicia y de juicio;
V9 de pecado, porque no creen en Mí;
V10 de justicia, porque yo voy al Padre y no me veréis más;
V11 y de juicio, porque el príncipe de este mundo ha sido juzgado.

Jesús nos explica aquí que después de Él ir al Padre, el Espíritu Santo nos traería con su derramamiento sobre nosotros el poder y la habilidad de ejecutar el juicio que se llevó a cabo en la cruz contra Satanás y sus aliados.

✒ El Espíritu Santo es el que nos unge y empodera para ejecutar el veredicto que ya fue emitido en la cruz del calvario. Él es el que termina el trabajo de justicia en contra del príncipe de este mundo y lo hace a través de nosotros, porque para eso nos equipa.

El abogado acusador

Este es el rol de Satanás, se le alterna a lo largo de la biblia con varios sinónimos que estudiaremos aquí:

Acusador

La palabra acusador según Diccionario Bíblico Mundo Hispano: usualmente se refiere a un **adversario (gr. kategoros), sobre todo en un tribunal:** ¿dónde están los que te acusaban? **Juan 8:10.**

Pero la palabra se utiliza también para señalar a Satanás, el acusador de nuestros hermanos, el que los acusaba delante de nuestro Dios día y noche **Apocalipsis 12:10.**

Adversario

La palabra <u>adversario</u> según Wiki cristiano: (heb. Satán; gr. **antídikos**). Esta palabra aparece con frecuencia en el sentido general de un oponente, un enemigo (Deuteronomio. 32:27, Josué 5:13; etc.). Se usa con un sentido especial en Mateo 5:25 y Lucas 12:58, cuyo contexto indica que el "adversario" **es un oponente en un juicio.** Este podría ser el significado en Lucas 18:3 y 1 Pedro 5:8, aunque también cabría aplicarle el sentido genérico de "enemigo", "opositor". En varios pasajes del AT Satán, (Números 22:22, 1 Samuel 29:4, 2 Samuel 19:22, etc.) a veces se translitera Satanás (Job 1:6; etc.); Satán es el adversario por excelencia.

Esta palabra es usada también en 1 Pedro 5.8. Satanás está ocupando una posición legal porque tiene el derecho de oponérsete en juicio o demanda judicial. Por eso se nos aconseja ser sobrio y vigilante para no darle ningún derecho legal a este adversario porque el busca como león rugiente a quien devorar. Él no puede devorar a su antojo, tiene que tener derecho legal a hacerlo.

Espíritus Inmundos
Estudiar: **1 de Reyes 22:19-23**

V21 Y salió un espíritu y se puso delante de Jehová, y dijo: Yo le induciré. Y Jehová le dijo: ¿De qué manera?
V22 Él dijo: Yo saldré, y seré espíritu de mentira en boca de todos sus profetas. Y él dijo: Le inducirás, y aun lo conseguirás; ve, pues, y hazlo así.

Estos espíritus están presentes escuchando los decretos de Dios y en ocasiones se les manda a ejecutar ordenes porque las personas le han dado legalidad para actuar en ellos, pero necesitan permiso del Juez-Dios.

El acusado

Apocalipsis 12:10
Y oí una gran voz en el cielo, que decía: Ahora ha venido la salvación, el poder y el reino de nuestro Dios y la autoridad de su Cristo, porque el acusador de nuestros hermanos, el que los acusa delante de nuestro Dios día y noche, ha sido arrojado.
Estudiar también Daniel 7:21-27.

Nosotros somos los acusados (los santos).

Según la Enciclopedia jurídica, un acusado es la persona contra quien se dirige la acusación en un proceso penal. Persona que es objeto de una o de varias acusaciones.

Otro nombre con que se llama al acusado es: **"defendido"** la cual es una persona representada por un abogado defensor, en nuestro caso: por Jesús.

Las peticiones

Filipenses 4.6
Por nada estéis afanosos; antes bien, en todo, mediante oración y súplica con acción de gracias, sean dadas a conocer vuestras peticiones delante de Dios.

Una petición es un término legal, nuestras oraciones son nuestras peticiones. Al dirigimos a Dios le estamos presentando un caso.

Según el diccionario Wordpress una petición es un escrito que se presenta ante el juez con el fin de obtener alguna cosa.

El veredicto

Muchos quieren entrar al campo de batalla sin tener un veredicto de parte del juez y pierden sus energías y su tiempo porque el enemigo tiene un derecho legal en nuestra contra y la consecuencia es que pierden la batalla una y otra vez. No se ganará en el campo de batalla si no se gana primero en la Corte de Dios.

Si usted reprende al enemigo y él continua allí es porque tiene el derecho legal para hacerlo. La única manera en que se irá es cuando usted le presente el veredicto de parte del juez. Usted tiene que orar hasta que el juez le dé el veredicto.

Nuestro trabajo es hacer cumplir el veredicto legal de todo aquello que Cristo ganó en la cruz por nosotros para despojar a los principados y potestades de todo aquello que nos era contrario.

Una vez nuestro juez cambia el veredicto, este tiene que ser ejecutado para que la obra terminada en la cruz tenga poder.

El acta de los decretos, las evidencias

Colosenses 2:14-15

V14 anulando el acta de los decretos que había contra nosotros, que nos era contraria, quitándola de en medio y clavándola en la cruz,

V15 y despojando a los principados y a las potestades, los exhibió públicamente, triunfando sobre ellos en la cruz.

Cada evidencia que había en los cielos en contra de nosotros fue anulada en la cruz, pero no significa que el enemigo no tratará de usarla. Usted tuvo que apropiarse de la salvación cuando acepto a Jesús, igualmente tiene que apropiarse de la salud y de cada beneficio que Jesús compró para usted a precio de sangre. Igual sucede con los veredictos en la Corte Celeste, usted tiene que ponerse de acuerdo con ellos para que sean ejecutados, es decir traídos del mundo espiritual al mundo material donde vivimos. Estas cosas al ser sobrenaturales, deben ser accedidas de manera sobrenatural: a través de la fe, la confesión de pecados y el ponerse de acuerdo (alinearse) con Dios.

Cada caso que el enemigo tiene en la corte ha quedado anulado por la sangre de Cristo.

Los decretos

Según The Free Dictionary un decreto de ley es una disposición legislativa que, sin ser sometida por los órganos adecuados, promulga el poder ejecutivo, en virtud de alguna excepción de carácter extraordinario. En resumen, es una orden oficial dada por una corte o una persona bajo autoridad legal.

Para nosotros los cristianos, un decreto es la voluntad divina de Dios escrita en su palabra: la Biblia.

Hay otra clase de decretos, son los emitidos por la iglesia. Los estudiaremos más adelante.

Las acusaciones

Si hay un acusador y un acusado, entonces hay acusaciones.

Las acusaciones:

- <u>Las iniquidades</u> de los padres tales como inmoralidades sexuales, idolatría, brujería, tráfico o esclavitud de humanos (entre otros), traen terribles consecuencias que se extienden de generación a generación. Si usted identifica iniquidad en su línea sanguínea tiene que arrepentirse por sus antepasados y sus pecados. También debe perdonarlos a ellos y perdonar las consecuencias que estos pecados trajeron a su vida y la de su familia (incluyendo las generaciones futuras).

- En una corte, la familia es responsable por las deudas de los padres a la hora de su muerte. El Estado levanta una demanda que previene que la familia que está viva herede hasta que la deuda se pague. De igual manera en el mundo espiritual, el acusador usa las iniquidades de los ancestros para prevenir que usted alcance la herencia que el Padre Dios tiene para sus hijos.

- <u>El pecado:</u> la paga del pecado es muerte (separación de Dios) Romanos 6:23. Esto abre puertas para que los espíritus inmundos operen en nuestras vidas. El pecado sirve como un contrato entre el enemigo y el que lo practica.
  Todo aquel que comete pecado, infringe también la ley; pues el pecado es infracción de la ley (1 Juan 3:4). Por eso en ocasiones

cuando Jesús sanaba decía: "Tus pecados son perdonados (Lucas 7:48).

• Los juramentos y pactos hechos por usted o sus antepasados (con o su consentimiento, aun los hechos bajo ignorancia) son como un contrato legal donde se le da poder y dominio al adversario sobre esa línea generacional.

• Dejar de cumplir con los mandamientos de su ley trae sobre las personas un sin número de calamidades. Estudiar Deuteronomio 28:15.

• Nuestras palabras nos condenan y nos justifican y de ellas rendiremos cuentas (Mateo 12:36).

Pecado e iniquidad ponen una orden de arresto en nuestra contra donde nuestras bendiciones están literalmente detenidas por el enemigo. Usted o un área de su vida se encuentran literalmente en una cárcel espiritual (Isaías 61:1, Lucas 4:18).

Las acusaciones están diseñadas para desviarlo de su propósito y destino.

Efesios 4:26-27
V26 Airaos, pero no pequéis; no se ponga el sol sobre vuestro enojo,
V27 ni deis lugar al diablo.

La Biblia claramente enseña en este versículo, que el enojo abre la puerta al diablo, que le da la oportunidad y legalidad para acusarnos delante de Dios. Debemos de vivir una vida santa donde el enemigo no tenga nada de que acusarnos delante de Dios (Juan 14.30).

✓ **El Propósito de las acusaciones:** Robarnos, matarnos y destruirnos (Juan 10:10). Esto incluye desviarnos de nuestro propósito y destino.

Los escribas (escribientes)

Estos son los que hacen el trabajo de secretario.

Ezequiel 9:3-4

V3 Y la gloria del Dios de Israel se alzó de sobre el querubín sobre el cual había estado, al umbral de la casa: y llamó Jehová al varón vestido de lienzos, que tenía a su cintura la escribanía de escribano.

V4 Y díjole Jehová: Pasa por medio de la ciudad, por medio de Jerusalén, y pon una señal en la frente á los hombres que gimen y que claman a causa de todas las abominaciones que se hacen en medio de ella.

✓ El varón mencionado aquí es un ángel el cual estaba realizando la función de escriba (secretario) y cargaba en su cintura sus instrumentos para desarrollar dicho trabajo.

Los testigos

Según el Wiki Cristiano, la palabra iglesia (gr. ekklsía; de ek ["fuera"] y kaléÇ ["llamar"]). En el griego secular, el término significaba una reunión de gente, tal como un cuerpo político debidamente citado, o, en general, **una asamblea (de testigos).** No se puede presentar algún caso en que se lo usara para una sociedad religiosa. En la LXX ekklsía es traducción casi exclusiva del hebreo. qâhâl, "congregación", "reunión", "asamblea" (1 Reyes 8:14, 22, 1 Crónicas. 13:2; etc.).. En tiempos del NT el término se aplica con mayor frecuencia al cuerpo de personas que creen en Jesús como el Mesías y lo aceptan, viven sus enseñanzas y están unidos en una organización creada por Jesús (Mateo 16:18, 1 Corintios 3:11, Mateo 28:19-20; Marcos 16:15-16; Hechos 2:38, 41, 47; 16:13; Romanos 12:4-5).

Hebreos 12:1
Esta asamblea de testigos tiene la tarea de poner en vigor la ley y los juicios y de invalidar las injusticias.

✐ En **Hebreos 1:8** Jesús nos llama a ser sus testigos, a nosotros los creyentes.

Estudiaremos el tema de la iglesia con más detalle en un capítulo separado (Capítulo 10) al igual que el tema de los libros celestes y los diferentes tipos de cortes celestes.

El testimonio

El testimonio es nuestra carta de presentación delante del Señor. Testifica lo que decimos de otros y que dicen los otros de nosotros. No se trata solo de nuestra persona.

Nuestro testimonio es lo que sabemos y vivimos del Señor y su obra redentora (2 Timoteo 4:7-8).

Efesios 4:29
Ninguna palabra corrompida salga de vuestra boca, sino la que sea buena para la necesaria edificación, a fin de dar gracia a los oyentes.

Salmos 39:1
Yo dije: Atenderé a mis caminos,
Para no pecar con mi lengua;
Guardaré mi boca con freno,
En tanto que el impío esté delante de mí.

Santiago 5:9
Hermanos, no os quejéis unos contra otros, para que no seáis condenados; he aquí, el juez está delante de la puerta.

CAPÍTULO 7

Los libros celestes

Al igual que los hombres tienen libros donde registran los acontecimientos importantes de la vida de todos los seres humanos (el nacimiento, los récords de manejar, cuando se casan y divorcian, cuando mueren, etc.), de igual manera la Corte Celestial tiene guardado en sus registros todas las cosas que suceden en la vida de una persona.

Algunos de los libros que se abren en la corte son:

✱ **La Biblia** (el libro por el cual Dios juzga a los hombres).
Por eso es importante que la estudiemos, allí están las leyes que nos amparan a nosotros los creyentes, presentamos nuestro caso de acuerdo a lo escrito en su palabra (esta es nuestra constitución).

✱ **Diferentes tipos de libros**

Apocalipsis 20:12

Y vi a los muertos, grandes y pequeños de pie delante del trono y **los libros fueron abiertos; y otro libro fue abierto**, que es **el libro de la vida,** y los muertos fueron juzgados por lo que está escrito en los libros, según sus obras.

✒ **Libros** (en plural porque son muchos), a los libros se les llama también rollos y en griego biblión o biblia.

✖ Libro de la vida
Continuando con Apocalipsis 20:12

Dios revela a través de sus siervos los profetas, que Él tiene **un libro muy especial**. Este es actualmente un libro abierto que contiene un registro de nombres. Dios considera muy valiosas las personas cuyos nombres están siendo plasmados en aquel libro.

✒ Este libro único no fue hecho por manos humanas y existe en el reino celestial.

Apocalipsis 21:27

El libro pertenece a Jesucristo y se llama *"El Libro de la Vida del Cordero"*. Que tu nombre esté escrito en este libro, significa que eres considerado justo delante de Dios y heredarás la vida eterna siempre que sigas siendo fiel a Él hasta el fin (Apocalipsis 3:5). Tener tu nombre borrado de este libro significa una suerte de muerte eterna (Apocalipsis 3:5, 20:15).

La primera mención de este libro de la vida es cuando Moisés se ofreció a que su nombre sea borrado. En declaraciones a Dios, Moisés dijo **(Éxodo 32: 31-32):**
"¡Ay!, este pueblo ha cometido un gran pecado: se ha hecho un dios de oro. "Pero ahora, si es Tu voluntad, perdona su pecado, y si no, bórrame del libro que has escrito. Y el Señor dijo a Moisés: "Al que haya pecado contra Mí, lo borraré de Mi libro.

La salvación es personal e independiente de la noble intención de Moisés, él no pudo hacer nada para proteger a sus compañeros israelitas de la ira de Dios. Dios no va a negociar con la salvación de la gente de esta manera.

✓ ¿Quién está inscrito en este libro de la vida?

El libro de la vida contiene los nombres de los que han sido espiritualmente convertidos y que han dedicado sus vidas al servicio de Dios. Al igual que otros siervos de Dios, Moisés comprendió que su nombre ya estaba escrito en el libro de la vida (Éxodo 32: 31-32).

Jesús dijo que Abraham, Isaac, Jacob y los profetas estarán en el Reino de Dios, por lo que sus nombres están sin duda en el libro de la vida.

Lucas 13:28.
Jesús dijo: regocíjense de que sus nombres están escritos en los cielos (Lucas 10:20).

El apóstol Pablo escribió una carta citando los nombres de algunos fieles hermanos vivos en el momento, cuyos nombres están escritos en el libro de la vida (Filipenses 4: 3).

✓ ¿Puede un nombre ser borrado del libro de la vida?
Éxodo 32:33
Al que haya pecado contra Mí, lo borraré de Mi libro.

Dios fue muy claro que el nombre de una persona puede ser removido del libro de la vida:

✓ Al final del libro del Apocalipsis, Dios nos da una advertencia:
Apocalipsis 22: 18-19
Yo testifico a todos los que oyen las palabras de la profecía de este libro: si alguien añade a ellas, Dios traerá sobre él las plagas que están escritas en este libro. Y si alguien quita de las palabras del libro de esta profecía, Dios quitará su parte del árbol de la vida y de la ciudad santa descritos en este libro.

En los últimos días, habrá un resurgimiento mundial de un sistema religioso falso. Dios dice que este sistema de adoración de un hombre será sinónimo de adoración a Satanás el diablo (Apocalipsis 13: 4). El engaño será tan grande que todos los moradores de la tierra le adoraran: "Y la adoraron todos los moradores de la tierra cuyos nombres no estaban escritos en el libro de la vida del Cordero que fue inmolado desde el principio del mundo (Apocalipsis 13:8)."

Sólo aquellos que se resisten a participar en este sistema de adoración serán recompensados por su victoria sobre Satanás (Apocalipsis 15: 2, 17:8, 20:4).

Libro del destino.

Salmos 139:16

Antes de existir en la tierra, había un libro en el cielo, toda mi sustancia (estaba hablando de su DNA), lo que nos hace lo que somos, nuestra identidad, mis dones, talentos, mis días, cuánto viviré y lo que lograré en mi vida. Tengo un destino escrito en los libros de los cielos, mi propósito también (Efesios 2:10), somos su obra (2 Timoteo 1:9).

Antes de la formación del tiempo y del mundo, fuimos creados con un propósito el cual fue escrito. Cada uno tiene su propio libro donde se guarda todo lo que Dios ha planeado para cada uno de nosotros. Es la gracia de Dios la que nos da el poder de cumplir el propósito que se nos dio antes de nacer.

- Destino no es algo que creas, es algo que descubres día a día mientras vas madurando emocional y espiritualmente al vivir en la Tierra.
- Antes de nacer éramos palabras en un libro, luego comenzamos a descubrir nuestro propósito y a alinearnos a Él.

Efesios 2:10

Somos hechura suya (hechura en griego es traducido como poema).

En 2 Timoteo 1: 9

Paul exhorta a Timoteo a cumplir con su propósito. Nótese que el propósito y la gracia le fueron dadas antes del tiempo. Esto significa que el propósito y la gracia han esperado a que nosotros les descubramos para que le traigamos del reino de lo invisible a lo visible.

✒ Los libros son más que un pedazo de papel, son una declaración de quien eres. Son documentos sellados que se abren para un propósito y un tiempo específico.

Romanos 8:29-30

V29 Porque a los que **antes conoció**, también *les* señaló desde antes *el camino* para que fuesen hechos conformes a la imagen de su Hijo, para que él sea el Primogénito entre muchos hermanos;
V30 Y a los que **les señaló desde antes** *el camino*, a éstos también llamó; y a los que llamó, a éstos también justificó; y a los que justificó, a éstos también glorificará.

✒ Desde antes nos conoció y nos señaló el camino escribiéndolo en nuestro libro del destino. Al hacernos semejantes a Jesús, nos alineamos con nuestro destino. Al buscar a Dios y relacionarnos con Él, nuestros caminos comienzan a ser ordenados por el Señor y nuestro destino empieza a acelerarse y a manifestarse.

✒ Cuando llega el tiempo del llamado, es necesario que cumplamos con nuestro propósito en el Tierra. Nuestro libro es leído en la Corte Celeste y es nuestra opción el aceptarlo o negarlo. El libro de nuestro destino nos provee con una brujula interior que nos dice a donde ir y que hacer para cumplir con lo que se nos mandó a hacer aquí en la Tierra.

✒ El adversario tratará de mantenerlo alejado de su proposito y su destino. El hace eso descualificándonos, desgastándonos, robándonos, destruyéndonos, etc.

- Libro del destino de Jesús

Salmos 40:7
Entonces dije: He aquí, vengo; en el envoltorio del libro *está* escrito de mí.

Hebreos 10:7
Entonces dije: Heme aquí (en el rollo del libro está escrito de mí) para que haga, oh Dios, tu voluntad.

- Libro con el destino de las naciones

Apocalipsis 10:8-11
A Juan se le instruyó comer el libro. Al hacerlo tuvo la habilidad de profetizar lo que estaba escrito en ese libro: el mensaje de Dios a las naciones para juicio.

�֎ **Libro de las memorias**

Malaquías 3:16
Entonces los que temían a Jehová hablaron cada uno a su compañero; y Jehová escuchó y oyó, y fue escrito libro de memoria delante de él para los que temen a Jehová, y para los que piensan en su nombre.

2 Crónicas 26:14 habla que el libro de las memorias está en la puerta del norte.

Ester 6:1-3 muestra como fue usado un libro de memorias en favor de una persona.

Este libro muestra nuestra estadía en la tierra y nosotros podemos clamar para que sea abierto.

Muchos se preguntan qué hay en el libro de las memorias y suelen confundirlo con el **libro de las obras.** Para ofrecer una mejor comprensión debemos saber que en el libro de las obras están todas aquellas actividades individuales o grupales que movidos en misericordia hacemos por otros (recolectar alimentos, llevar ropa y comida al necesitado, todo lo que nos motive un fin social de amor) pero el libro de las memorias son aquellos actos cotidianos que no requieren ser grandes proezas para estar escritos en el libro. Cuando das una moneda al que pasa por la calle, cuando brindas un vaso de agua a quien te visita, cuando puedes dar un abrazo de consuelo, una palabra de esperanza, partir tu pan con otro, despojarte de lo tuyo para darlo a alguien más, los actos de bondad, incluso de educación y respeto están todos en el libro de las memorias.

También están tus diezmos, tus ofrendas, la honra que das a tus padres, a tu familia, a tus líderes, a tu cobertura, el cuidado aun de un animalito si lo haces con amor lo encontrarás en este libro. Pero también encuentras anotadas cada oración que haces en favor de otras personas, creyentes, no creyentes, gobernantes, amigos, seres queridos y especialmente enemigos. Cada "bien" que haces está en el libro de las memorias.

Por qué y cuándo podemos clamar para que el libro de las memorias sea abierto:

Ester 6:1-3 el Rey estaba inquieto no podía dormir (acaso no era Dios mismo quien inquietaba su corazón) él no sabía los malvados planes de Aman, pero como Dios estaba moviéndolo mandó traer el libro de las memorias y se sorprendió cuando se lo leyeron, allí habrían miles de hechos grandiosos pero Dios lo tenía inquietó y lo enfocó en uno solo: "Mardoqueo", como este varón sencillo le había anunciado un complot contra él pero nunca recibió ni siquiera una palabra de gratitud, así que Dios sigue obrando y lo mueve a querer honrar la vida de Mardoqueo. Me encanta esta historia porque justo en ese momento llega Aman y pensando que el bien que el Rey quería hacer era para con él, le sugiere como honrarlo, y siendo Aman el peor enemigo de Mardoqueo le es encomendada la tarea de honrarlo. Así que Dios usará aun a tus enemigos para honrarte.

En **2 de Reyes 20:1-3 y 1 de Reyes 18:7-3** nos comparte dos claros ejemplos de hombres que clamaron el favor de Dios basados solo en la memoria de su integridad y buenas acciones. Quizás usted diga hoy que no tendría porque ir y hacer ese clamor, pero como todo ser humano vienen momentos de crisis, enfermedades, tormentas y situaciones que nos derrumban humanamente, en esos momentos, bajo esas circunstancias podemos postrarnos en tierra y clamar el "Favor del Rey" para que sea abierto el "libro de las memorias" en favor nuestro.

No se trata de ir y reclamar, porque no somos hijos rebeldes, se trata de ir y CLAMAR, para que ese libro se abierto, sean leídas las memorias y todo el mundo espiritual sea movido para traer una respuesta a tu vida.

Otros libros

- Libro del pacto (Éxodo 24:7 y 2 Crónicas 34:40).
- Libro de las batallas de Jehová (Números 21:14).
- Libro de los años que anunció Jeremías, aquí están todas las profecías verdaderas (Daniel 9:2).
- Libro de la verdad (Daniel 10:21 Salmos 40:7).
- Libro de las endechas (tristezas), lamentaciones y ayes (Ezequiel 2:9).
- Libro de las obras (Apocalipsis 20:12).
  Libro de las profecías (Apocalipsis 22:7-9).

CAPÍTULO 8

La Corte Suprema del cielo, sus nombres y funciones

Es la corte con más autoridad en el universo y el reino de los cielos. Es el lugar donde se llevan los casos legales en el cielo para ver los cambios en la tierra. La <u>Corte Suprema</u> del cielo muestra que la justicia divina está disponible para cada creyente. Si las cosas son arregladas en el cielo los asuntos terrenales cambiaran de manera rápida y milagrosa. Usted puede acudir a ella en cualquier momento y experimentar resultados; no hay cita ni tiempo de espera en esta corte, está disponible los 365 días del año y las 24 horas para el creyente.

Al igual que en la tierra existen diferentes tipos de cortes con sus diferentes tipos de jurisdicciones donde los diferentes tipos de casos son presentados, así es en el cielo.

A lo largo de nuestra vida, al pasar por las tribulaciones, simultáneamente en la Corte Celeste se abren los libros de nuestro destino; se debate nuestro futuro; se escuchan los testimonios concernientes a nuestras vidas y se toman decisiones que afectaran nuestro destino dependiendo del veredicto que ejecute el justo juez, de acuerdo a la ley (que es su palabra).

Dónde queda la corte

Salmos 9:7
Pero Jehová permanecerá para siempre;
Ha dispuesto su trono para juicio.

Salmos 89:14
La justicia y el derecho son el fundamento de tu trono: la misericordia y la verdad van delante de ti.

Aunque tendamos a imaginarnos que la corte y el trono de Dios se encuentran en lugares separados, en los libros de Apocalipsis y de Daniel se nos muestra que el trono de Dios es el centro de la adoración y luego la escena cambia a una corte donde se rinde juicio. La adoración y el juicio se llevan a cabo delante del trono de Dios, solo que en tiempos diferentes.

❇ Según Juan:
El apóstol ve el trono de Dios asentado en un océano de cristal (Apocalipsis 4.1-11) apocalipsis 5. La adoración y el juicio se llevan a cabo en el mismo lugar, pero en tiempos diferentes

❇ Según Daniel:
En su visión el profeta ve el trono en los cielos. La adoración y el juicio se llevan a cabo en el mismo lugar, pero en tiempos diferentes (Capítulo 7 de Daniel).

❇ Según Ezequiel
El profeta ve el trono en el firmamento y también moviéndose sobre ruedas. El trono es cargado por las cuatro criaturas vivientes (Ezequiel capítulos 1 y 10). Esto es una sombra profética del sacerdocio levítico que cargaba el arca del pacto (1 de Crónicas 15:2).

Igual descripción del trono se muestran en:

- El Tabernáculo de Moisés (Éxodos capítulos 35 y 28).
- El Templo de Salomón (1 de Reyes capítulos 6 y 8).

Todas estas descripciones del trono indican que el trono se mueve, según la presencia e Dios se mueve. Es por esto que el consejo del Señor tiene como centro el trono mismo de Dios. Es por eso que la corte entra en sesión cuándo y dónde la necesitamos.

Otros nombres para la Corte de Dios

La Corte de Dios es conocida con varios nombres en las escrituras:

✖ El Monte Sión

Las montañas, montes y lugares altos son lugares de gobierno donde se dan a conocer las legislaciones de Dios a la Tierra y donde se anulan los contratos que el enemigo hace en nuestra contra.

Isaías 2.2-3
V2 Acontecerá en lo postrero de los tiempos, que será confirmado el monte de la casa de Jehová como cabeza de los montes, y será exaltado sobre los collados, y correrán a él todas las naciones.
V3 Y vendrán muchos pueblos, y dirán: Venid, y subamos al monte de Jehová, a la casa del Dios de Jacob; y nos enseñará sus caminos, y caminaremos por sus sendas. Porque de Sion saldrá la ley, y de Jerusalén la palabra de Jehová.

✖ La corte de las acusaciones

En este libro te enseñaremos a llevar tu caso a esta corte, es la usada para escuchar casos pertenecientes a acosos, opresiones y aflicciones causadas por espíritus malignos. La corte provee una oportunidad para que respondamos y la acusación sea exonerada.

🔑 Acudo aquí cuando necesito restauración en un área de mi vida.

Estudiar el capítulo 5: El juicio del sacerdote Josué. En esta corte el Señor escucha las quejas y las injusticias relacionadas con la forma en que han sido tratados.

1 de Reyes 8:32
Tú oirás desde el cielo y actuarás, y juzgarás a tus siervos, condenando al impío y haciendo recaer su proceder sobre su cabeza, y justificando al justo para darle conforme a su justicia

Lamentaciones 3: 58-59
V58 Abogaste, Señor, la causa de mi alma; redimiste mi vida.
V59 Tú has visto, oh Jehová, mi agravio; defiende mi causa.

❇️ **El consejo divino, La congregación de Dios**
Salmos 82:1
Dios ocupa su lugar en su congregación
El juzga en medio de los jueces.

❇️ **El concilio secreto de Jehová**
Jeremías 23.18
Porque ¿quién estuvo en el concilio secreto de Jehová, y vio, y oyó su palabra? ¿Quién estuvo atento a su palabra, y la oyó?

❇️ **El consejo de los santos**
Salmos 89:7
Dios temible en la gran congregación de los santos,
Y formidable sobre todos cuantos están alrededor de Él.

🔑 Cuando un grupo se reúne para administrar, aconsejar y discutir como un cuerpo administrativo, a este grupo se le llama un <u>consejo</u>.

Cuando la Corte de Dios está en sección, los miembros de la corte forman un cuerpo llamado el consejo divino, consejo de los santos o consejo de Dios.

✦ En ocasiones los miembros del consejo divino escuchan la palabra de sabiduría del Señor y son llamados el concilio secreto de Jehová.

✤ El consejo de Dios
Job 15.8
¿Oíste tú el consejo de Dios,
Y está limitada a ti la sabiduría?

1 de Reyes 22.19
V19 Entonces él dijo: Oye, pues, palabra de Jehová: Yo vi a Jehová sentado en su trono, y todo el ejército de los cielos estaba junto a él, a su derecha y a su izquierda.

✦ Este es el lugar donde señor discute sus planes.

✦ Aquí no hay juez, ni acusado ni acusador.

V20 Y Jehová dijo: ¿Quién inducirá a Acab, para que suba y caiga en Ramot de Galaad? Y uno decía de una manera, y otro decía de otra.

✦ El profeta Miqueas pudo ver como se discutía el destino de Ahab.

✦ Aquí el consejo se reúne para discutir diferentes tipos de asuntos.

V21 Y salió un espíritu y se puso delante de Jehová, y dijo: Yo le induciré. Y Jehová le dijo: ¿De qué manera?
V22 Él dijo: Yo saldré, y seré espíritu de mentira en boca de todos sus profetas. Y él dijo: Le inducirás, y aun lo conseguirás; ve, pues, y hazlo así.

✦ Aquí un espíritu malino se presentó, fue escuchado y sus planes fueron puestos en acción.

Profetas en el consejo del Señor

�֎ Elías en la presencia de Jehová, en su consejo
1 de Reyes 17:1

V1 Entonces Elías tisbita, que era de los moradores de Galaad, dijo a Acab: Vive Jehová Dios de Israel, <u>en cuya presencia estoy</u>, que no habrá lluvia ni rocío en estos años, sino por mi palabra.

🗝 Elías le dijo a Acab: En lo natural estoy delante de ti, en el espíritu estoy enfrente de Dios. Como resultado de lo que estoy viviendo en lo espiritual, puedo decirte en lo natural. que no habrá lluvia por dos años.

🗝 Elías hablaba con autoridad porque aprendió a vivir en dos mundos (dos dimensiones) al mismo tiempo. El escuchaba la voz audible de Dios y en base a eso podría decretar.

🗝 El consejo del Señor es el lugar desde el cual se hacen los decretos.

✖ Zacarías y La visión del sumo sacerdote Josué
Zacarías 3

V1 Me mostró al sumo sacerdote Josué, el cual estaba delante del ángel de Jehová, y Satanás estaba a su mano derecha para acusarle.

✖ Jeremías Estuvo presente en la corte cuando Dios pronunció juicio a los inicuos
Jeremías 23

V18 Porque ¿quién estuvo en el secreto de Jehová, y vio, y oyó su palabra? ¿Quién estuvo atento a su palabra, y la oyó?

✖ Micaías profetiza la derrota de Acab desde el Consejo Divino
1 de Reyes 22

V19 Entonces él dijo: Oye, pues, palabra de Jehová: Yo vi a Jehová sentado en su trono, y todo el ejército de los cielos estaba junto a él, a su derecha y a su izquierda.

Los miembros del consejo divino

- Dios.
- El ejercito celeste, llamado también las estrellas de los cielos (Jueces 5:10, 1 Reyes 22:19). Esto incluye los ángeles, querubines, serafines.
- La nube de testigos: los apóstoles, los profetas del viejo testamento.
- Los profetas que están vivos en este tiempo, los creyentes.
- Los doce discípulos que juzgan la nación de Israel.
- Los 24 ancianos.
- Demonios.

El Consejo Divino del Señor es descrito de diferentes maneras en las escrituras. Se puede encontrar tanto en la tierra como en el cielo y siempre está vinculado al lugar donde reside Dios. Puede ser en el Monte Sion, puede ser en el templo, etc.

¿Qué pasa cuando no comparezco ante la corte?

En el sistema terrenal, cuando alguien viola una ley usted puede ir a la policía a llenar un reporte en contra de esa persona y la corte apropiada escuchara las acusaciones. Usted puede traer testigos y pelear la acusación o puede admitir su culpabilidad. En ambos casos, usted debe acudir a la corte, si no lo hace se emite una orden de arresto en su contra. Esta orden hará que la policía venga a su casa o lugar de trabajo a arrestarlo. Usted estará en custodia hasta ser traído delante del juez para ser cuestionado y juzgado.

En el mundo espiritual estos policías son llamados **verdugos** y son espíritus inmundos con derecho de encancelarnos y atormentarnos por violar las leyes espirituales. Estudiar **Mateo 18:34**.

Si usted se niega a aparecer en corte, pero su acusador lo hace o si usted se rehúsa a contestar las acusaciones, usted será declarado culpable. No importa si usted es culpable o no. Esto es llamado un veredicto por defecto, (esto lo vimos en el Capítulo no. 4). La única manera de evitar esto es presentarse en la corte y responder a las acusaciones.

Entender este proceso nos ayudará mucho a entender la Corte de Dios.

CAPÍTULO 9

Nuestra herencia

✖ **Soy ciudadano del reino**

Filipenses 3:20

Mas nuestra ciudadanía está en los cielos, de donde también esperamos al Salvador, al Señor Jesucristo.

🗝 Usted tiene dos ciudanías:

1. la terrestre, porque allí habita en manera corpórea
2. la celeste porque su espíritu nació de nuevo. Esto es como si literalmente usted tuviera dos direcciones, dos casas.

✖ **Soy heredero del reino**

Efesios 1:9-11

V9 Dándonos a conocer el misterio de su voluntad, según su beneplácito, el cual se había propuesto en sí mismo,

V10 de reunir todas las cosas en Cristo, en la dispensación del cumplimiento de los tiempos, así las que están en los cielos, como las que están en la tierra.

V11 En él asimismo tuvimos herencia, habiendo sido predestinados conforme al propósito del que hace todas las cosas según el designio de su voluntad.

- Parte de nuestra herencia es ser administradores de su reino, para cumplir nuestro rol tenemos que aprender a ir a la fuente que está en el reino de los cielos y traer esa voluntad a la tierra.
- Hasta ahora la iglesia ha tratado de cambiar cosas desde lo terrenal. Nosotros tenemos que ir arriba de la atmosfera de la Tierra y ejercitar la autoridad desde esos niveles más alto para traer los cambios que deseamos.

Somos embajadores

2 Corintios 5:20

Así que, somos embajadores en nombre de Cristo, como si Dios rogase por medio de nosotros; os rogamos en nombre de Cristo: Reconciliaos con Dios.

Como embajadores, somos representantes de su gobierno. El gobierno de Dios tiene leyes que lo gobiernan, somos llamados a conocer estas leyes y hacer que se cumplan.

Soy un ministro de la reconciliación

2 Corintios 5:18

Y todo esto proviene de Dios, quien nos reconcilió consigo mismo por Cristo, y nos dio el ministerio de la reconciliación.

Soy un intercesor

Job 42:10

Quitó Jehová la aflicción de Job, cuando él hubo orado por sus amigos; y aumentó al doble todas las cosas que habían sido de Job.

Intersección es cuando una persona se para en la brecha delante de Dios en lugar de otro(s). Esto es lo que nos hace ser embajadores de la reconciliación. Al bendecir a otros, Dios nos bendice.

�֎ Soy un hijo de Dios
Juan 1:12
Mas a todos los que le recibieron, a los que creen en su nombre, les dio potestad de ser hechos hijos de Dios.

Romanos 9:26
Y será, que en el lugar donde les fue dicho: Vosotros no *sois* pueblo mío; allí serán llamados hijos del Dios viviente.

✖ Estamos sentados en lugares celestes con Cristo Jesús
Efesios 2:9
Y juntamente con él nos resucitó, y asimismo nos hizo sentar en los lugares celestiales con Cristo Jesús.

Usted tiene un espíritu que existe en el mundo espiritual. Los espíritus pueden entrar a esta dimensión en cualquier momento de dos formas:
1. de manera ilegal como lo hacen los espiritistas, brujos, santeros, budistas, satanistas, etc. (Juan 10:8).
2. de manera legal a través de la puerta que es Jesús **(Juan 10. 9**

Espiritualmente usted tiene un lugar en el cielo. ¿La pregunta es, está ejerciendo usted como una criatura espiritual, o continúa usted ejerciendo como una criatura carnal?

✖ Somos reyes y sacerdotes
Apocalipsis 1:6
Y nos ha hecho reyes y sacerdotes para Dios y su Padre: a Él sea gloria e imperio para siempre jamás. Amén.

Él nos ha hecho reyes y sacerdotes para nuestro Dios, esto habla de quienes somos espiritualmente en el cielo.

Primer papel: **Sacerdote** = intercesor (le da derecho a Dios de mostrar misericordia). En el Antiguo Testamento, Dios instituyó sacerdotes para que al rociar la sangre de los animales los pecados del pueblo y la nación sean anulados. Sin embargo, a nosotros en el Nuevo Testamento se nos llama sacerdotes, es decir Dios nos necesita todavía para que a través de nuestra aplicación de la sangre de nuestro cordero Cristo, Él pueda traer misericordia (el intercambio sobrenatural de anular los decretos contrarios).

Segundo papel: **Rey** = decretar. Cuando usted nace de nuevo, usted nace en un reino. Independientemente del país terrenal en el cual usted nació y la nacionalidad que en consecuencia se le haya sido otorgada, al nacer en el Reino de Dios usted pasa a formar parte de la familia real de Dios. Formar parte del Reino de Dios significa que este reino no es de este mundo, ya que es sobrenatural y está por arriba de cualquier otro reino.

✖ Somos justificados

Romanos 4:25
El cual fue entregado por nuestras transgresiones, y resucitado para nuestra justificación.

Romanos 5.1
Justificados, pues, por la fe, tenemos paz para con Dios por medio de nuestro Señor Jesucristo;

Según The Free Dictionary, la palabra justificar significa: Probar una cosa con razones testigo o documentos. Mostrar una persona o una cosa la inocencia de una persona. Esta palabra se usa regularmente en la corte y es sinónimo de absolver. Esto es algo más grande que un simple perdón, significa que no somos culpables, como que el suceso (en este caso el pecado) nunca ocurrió.

CAPÍTULO 10

El papel de la Iglesia

La obra de la cruz está completa **(Juan 19:30)**. Jesús tuvo una victoria absoluta sobre el reino de las tinieblas. Luego de esto equipó y preparó a su iglesia para hacer las mismas obras que Él hacía, le dio la misma autoridad (Mateo 10:1). Y les dio su nombre para ser usado como un poder legal.

Hebreos 2:14
Así que, por cuanto los hijos participaron de carne y sangre, Él también participó de lo mismo, para destruir por medio de la muerte al que tenía el imperio de la muerte, esto es, al diablo.

La Biblia dice que Satanás fue destruido, entonces usted se preguntará que cómo tiene poder para seguir destruyendo a otros. La palabra "destruido" no significa aniquilado. La palabra destruido significa: inactivo, inoperante desempleado. Satanás sigue sus operaciones porque no ha sido aniquilado.

La resurrección de Jesús (el cumplimiento de las Fiestas de las Primicias) lo convierte en el primero de una nueva raza (los nacidos de nuevo) que no está sujeta al dominio de Satanás. Nosotros tenemos dominio sobre él. Satanás fue despojado de sus poderes en la cruz y la únicas armas que puede usar son la mentira y el acoso a través de circunstancias hostiles. El continúa engañando a la raza humana, tanto a los no creyentes, como a los creyentes. Sin embargo, cuando un creyente conoce la verdad (que nos hace libres) ya no puede dañarnos más.

El enemigo está destruido y todo lo que él puede hacer es mentirnos. El pararnos en el conocimiento de esa verdad hace que él pierda el poder que tenía sobre nosotros.

Entonces por qué la discrepancia entre lo que decimos que creemos y lo que realmente vivimos. Vemos creyentes enfermos, en miseria, en tormentos y calamidades. Porque el Reino de los Cielos sufre violencia y solo los violentos lo arrebatan. Como discípulos de Jesús (iglesia) estamos llamados a ejercer violencia (Mateo 22:12).

Aunque necesitamos a Dios para ejecutar juicio, Él nos invita a ser parte de su consejo divino en lo concerniente a asuntos de vida o muerte, nuestro destino, nuestra herencia, etc.

A lo largo de la Biblia vemos a los hombres de Dios llenos del Espíritu Santo, visitando sus cortes para consultar al Señor en temas específicos (ver el Capítulo 8). La iglesia moderna recibió el Espíritu Santo y tiene el mismo llamado y deber que estos profetas.

✳ Intermediarios entre los dos mundos
Efesios 3:9-11

V9 Y de aclarar a todos cuál sea la dispensación del misterio escondido desde los siglos en Dios, que creó todas las cosas;

La Corte de Dios

V10 para que la multiforme sabiduría de Dios sea ahora dada a conocer por medio de la iglesia a los principados y potestades en los lugares celestiales,
V11 conforme al propósito eterno que hizo en Cristo Jesús nuestro Señor,

La multiforme sabiduría de Dios se hace conocer a por medio de la iglesia, es decir nosotros. Nosotros somos los llamados a ser el intermediario entre el Reino de Dios y los principados y gobernadores que están en rebeldía en el segundo cielo. Esto así porque Jesús nos devolvió la autoridad y nos reposicionó en el lugar original que Él diseñó para nosotros desde el principio de la creación (Génesis 1:26).

Dios no puede alcanzar a la humanidad exepto a través de la iglesia. Ese es el intermediario que Él preparo y si la iglesia no asume su responsabilidad y utiliza la autoridad que Jesús le delegó, la humanidad seguirá siendo esclava del enemigo.

Embajadores de la reconciliacion
2 de Corintios 5:20-21
V20 Así que, somos embajadores en nombre de Cristo, como si Dios rogase por medio de nosotros; os rogamos en nombre de Cristo: Reconciliaos con Dios.
V21 Al que no conoció pecado, por nosotros lo hizo pecado, para que nosotros fuésemos hechos justicia de Dios en Él.

Como embajadores de la reconciliación, entrarmos a su corte equidados con el poder legal que nuestro abogado Jesús nos ha dado para actuar como sus reprensentantes. Actuando de acuerdo al protocolo establecido por esa corte, con el fin de hacer que su misericordia y su justicia se manifiesten.

✿ Somos cabeza
Efesios 1:22-23
V22 Y sometió todas las cosas bajo sus pies, y lo dio por <u>cabeza</u> sobre todas las cosas a la iglesia
V23 la cual es su cuerpo, la prenitud de aquel que todo lo llena en todo.

🔑 Dios equipó a la iglesia, a través de Jesucristo para que operara en victoria.

✿ Estamos llamados a decretar:
Job 22:28
Decretaras asimismo una cosa, y te será firme, Y sobre tus caminos resplandecerá luz.

🔑 Un decreto profético se emite cuando un hijo de Dios, un santo, cree por fe que su palabra es verdadera; la proclama y la aplica en su vida en la Tierra como ya está establecido en los cielos.

✿ Estamos llamados a declarar vida.
Proverbios 18:21
La muerte y la vida están en poder de la lengua, Y el que la ama comerá de sus frutos.

✿ Estamos llamados a usar la palabra de Dios en todo tiempo
Hebreos 4:12
Porque la palabra de Dios es viva y eficaz, y más cortante que toda espada de dos filos; y penetra hasta partir el alma y el espíritu, las coyunturas y los tuétanos, y discierne los pensamientos y las intenciones del corazón.

Salmos 119:105
Lámpara es a mis pies tu palabra,

Y lumbrera a mi camino.

Mateo 4:10

Entonces Jesús le dijo: Vete, Satanás, porque escrito está: Al Señor tu Dios adorarás, y a él sólo servirás.

✒ Citar la palabra de Dios, transforma la atmósfera porque la palabra de Dios trae vida. El enemigo tiene que doblarse ante ella porque es la Ley.

✿ Somos justicia de Dios
Salmos 82

Dios está en la reunión de los dioses;
En medio de los dioses juzga.
¿Hasta cuándo juzgaréis injustamente,
Y aceptaréis las personas de los impíos? *Selah*
Defended al débil y al huérfano;
Haced justicia al afligido y al menesteroso.
Librad al afligido y al necesitado;
Libradlo de mano de los impíos.
No saben, no entienden,
Andan en tinieblas;
Tiemblan todos los cimientos de la tierra.
Yo dije: Vosotros sois dioses,
Y todos vosotros hijos del Altísimo;
Pero como hombres moriréis,
Y como cualquiera de los príncipes caeréis.
Levántate, oh Dios, juzga la tierra;
Porque tú heredarás todas las naciones.

✒ Nótese que aquí se nos llama dioses y se nos da la responsabilidad de hacer justicia.

✖ Estamos llamados a saquear los bienes del hombre fuerte
Marcos 3:27
Nadie puede entrar en la casa de un hombre fuerte y <u>robarle sus</u> <u>cosas</u>, si no lo ata primero; solamente así podrá robárselas.
El enemigo tiene un tráfico de almas (Apocalipsis 18:11-13) nosotros somos los llamados a arrebatárselas.

✖ Los cielos están esperando por la iglesia
Estudiemos
Salmos 110: 1-7

V1 Jehová dijo a mi Señor:
Siéntate a mi diestra,
<u>Hasta que ponga a tus enemigos por estrado de tus pies.</u>
V2 Jehová enviará desde Sion la vara de tu poder;
Domina en medio de tus enemigos.

Hebreos 10:12-13
V12 Pero Cristo, habiendo ofrecido una vez para siempre un solo sacrificio por los pecados, se ha sentado a la diestra de Dios,
V13 de ahí en adelante <u>esperando hasta que sus enemigos sean puestos</u> <u>por estrado de sus pies;</u>

🔑 Nótese que las escrituras son claras en decirnos que después de que Jesús resucito se sentó a la mano derecha del Padre y está <u>esperando</u> que alguien destruya a sus enemigos. La palabra estrado en el Antiguo Testamento significaba poner bajo sujeción a los enemigos. En el Nuevo Testamento significa pararse sobre algo para destruirlo.

🔑 ¿Si Jesús está sentado a su diestra quién está juzgando aquí en la Tierra? ¿Quién hará el trabajo de destruir a sus enemigos por Él? La respuesta está en Juan 16:7: El Espíritu Santo es el que juzga y el que destruye a los enemigos, pero lo hace a través <u>de nosotros</u>.

CAPÍTULO 11

Cómo entrar a la Corte Celeste

Isaías 43:26
Hazme acordar, entremos en juicio juntamente; cuenta tú para abonarte.

✹ Preparación

Clave 1: Arrepentimiento y humillación

Cada acusación debe ser contestada, no con argumentos, sino con **arrepentimiento**. En Lucas 18: 9-14 después de la parábola de la viuda, Jesús nos da otra enseñanza. Esta parábola es la continuación de cómo ir ante el juez, allí se nos enseña que tenemos **que humillarnos** para ser justificados, la humillación es la posición legal que debemos tomar para no ser encontrados culpables.

✔ El que se humilla será exaltado.

✔ Dios responde al que se humilla y se rinde a Él (Salmos 51:17).

✔ Si queremos audiencia en la corte debemos ir con arrepentimiento. Ver también Santiago 4:7, Ezequiel 18:30.

Ezequiel 18:30 Por tanto, *yo* os juzgaré a cada uno según sus caminos, oh Casa de Israel, dijo el Señor Dios. Convertíos, y haced convertir de todas vuestras iniquidades; y no os será la iniquidad causa de ruina.

Clave 2: Reconcíliate con tu adversario

Mateo 5.25
Reconcíliate pronto con tu adversario mientras vas con él por el camino, no sea que tu adversario te entregue al juez, y el juez al alguacil, y seas echado en la cárcel.

🔑 Yo no le respondo al enemigo, no me justifico ante él. Yo no tengo que saber toda la palabra de Dios para justificarme ni tengo que estar al tanto de toda la información que el enemigo ha traído en contra mía, pero necesito humillarme (y no justificarme) para que la sangre de Cristo actué en mi favor. Me humillo reconociendo mi pecado.

🔑 El mandato es reconciliarse esto es independientemente de si tenemos culpa o no. Usted debe echar su orgullo a un lado para hacer esto.

Clave 3: Confesión de pecados

1 Juan 1:9
Si confesamos nuestros pecados, Él es fiel y justo para perdonar nuestros pecados, y limpiarnos de toda maldad.

Proverbios 28:13
El que encubre sus pecados no prosperará;
Mas el que los confiesa y se aparta alcanzará misericordia.

✒ La confesión le da derecho a Dios para actuar a favor nuestro. Las palabras son nuestro testimonio y es la manera en que nos ponemos de acuerdo con el Juez. Confesar implica reconocer que hemos pecado.

Clave 4: Perdono y bendigo

Mateo 6:12
Y perdónanos nuestras deudas (ofensas, pecados), como también nosotros hemos perdonado a nuestros deudores (los que nos ofenden, nos hacen mal).

✒ Perdonar es una ley espiritual, sencillamente si no perdono el Padre (juez) no lo hará conmigo. Estudiar Lucas 7:36-50.

Juan 20:23
A quienes les perdonen sus pecados, les serán perdonados; a quienes no se los perdonen, no les serán perdonados.

✒ Perdonar a otros los libera de toda cárcel y tormento espiritual.
Después de perdonar, bendigo:

Lucas 6: 27-28
V27 Pero a vosotros los que oís, os digo: Amad a vuestros enemigos, haced bien a los que os aborrecen;
V28 Bendecid a los que os maldicen, y orad por los que os calumnian.

Romanos 12: 14
Bendecid a los que os persiguen; bendecid, y no maldigáis.

Bendecir abrirá las puertas de los cielos a mi favor porque cierra la puerta por la cual entró el enemigo y le quita el derecho que adquirió para afligirme. Es mi declaración al mundo espiritual de que el proceso ha sido cerrado, es anunciar que le puse final a ese capítulo de mi vida.

Literalmente estoy abriendo cárceles espirituales para mí y la otra persona. Es mi pasaje a la libertad.

Clave 5: Aplico la sangre

Apocalipsis 12:10-11
V10 Entonces oí una gran voz en el cielo, que decía: Ahora ha venido la salvación, el poder, y el reino de nuestro Dios, y la autoridad de su Cristo; porque ha sido lanzado fuera el acusador de nuestros hermanos, el que los acusaba delante de nuestro Dios día y noche.
V11 Y ellos le han vencido por medio de la sangre del Cordero y de la palabra del testimonio de ellos, y menospreciaron sus vidas hasta la muerte.

Nulificamos las acusaciones aplicándoles la sangre de Cristo.

Isaías 54:17 Toda herramienta que fuere fabricada contra ti, no prosperará; y **tú condenarás toda lengua que se levantare contra ti en juicio.** Esta *es* la heredad de los siervos del Señor, y su justicia de por mí, dijo el Señor.

Solo podemos hacer eso con la sangre de Jesús.

Pida que la sangre de Cristo sea aplicada en cada ramificación del pecado. El pecado no solo impacta a una persona, siempre impacta a otros.

Al aplicar la sangre, desmantelamos la acusación y los argumentos que el acusador trajo en nuestra contra.

Satanás sabe que el mayor sacrificio por nuestros pecados fue el cordero perfecto, Jesús. No tiene argumento ni defensa alguna cuando aplicamos la sangre. Ahora somos libres de cada acusación.

Clave 6: Nuestro testimonio

Apocalipsis 12:11
Parte del testimonio es arrepentirnos y darle ese derecho legal a Dios para intervenir por nosotros a través de su misericordia. Es el instrumento con el cual presentamos nuestro caso al Señor. Es la evidencia que el juez necesita para rendir un veredicto a favor nuestro.

🔑 Como ya vimos, el testimonio comienza cuando aceptamos a Jesús.

🧩 **Cómo presentarse**

Como todas las cosas espirituales, usted tiene acceso a lo espiritual por fe.

<u>Paso 1</u>: Diríjase al juez con respeto, si lo hacemos así en lo terrenal, cuanto más en lo espiritual. (Venga con acción de gracias), a continuación, pida que la corte sea convocada. Usted puede hacer esto de manera verbal o en su mente.

<u>Paso 2</u>: aplique **Isaías 43:26** (Hazme acordar, entremos en juicio juntamente), es decir recuérdele al Juez que usted es un ciudadano del cielo y que Cristo es su Señor.

<u>Paso 3</u>: Pida que el acusador se presente. No sienta temor si siente una presencia maligna en la habitación o un palpitar en el pecho, recuerde que usted está cubierto por la sangre de Cristo.

<u>Paso 4</u> Pida escuchar la acusación. (en este momento los libros con las acusaciones se abrirán y serán leídos). No se sienta intimidado por lo que pueda escuchar o sentir, recuerde que Jesús es su abogado, su sangre pagó para remover esa acusación y ahora soy justificado.

<u>Paso 5</u>: Póngase de acuerdo con su adversario (Mateo 5.25), recuerde que todos hemos pecado, somos culpable y no tenemos excusa. <u>No</u>

enfrente al enemigo, los acusados no lo hacen ya que esta es la tarea de su abogado. Resista la tentación de defenderse.

Paso 6: Declare que su defensa es la sangre de Cristo, que usted ha entrado en este nuevo pacto y que eso es suficiente para anular todos los pactos pasados y borrar todos sus pecados.

Paso 7: Remover el efecto de la acusación. Esto se hace después de reconocer que la sangre de Cristo es su única defensa. Eso borrara su culpa y sus consecuencias y silenciara al acusador. Este es el momento apropiado de arrepentirse.

Paso 8: Remplace toda palabra con la que usted se haya atado espiritualmente (o haya atado a otros) con arrepentimiento y prosiga anulando esas palabras (esto se hace sustituyéndolas con la palabra de Dios, la Biblia dice tal y cual cosa y yo lo creo, etc.).

Paso 9: Pida al juez rendir el veredicto y entregarle a usted todos los documentos que usted necesita.

Paso 10: Haga cumplir el veredicto.

❧ Cómo reforzar el veredicto

Aplicar el veredicto completará el proceso en la Corte Celeste. Este último paso es de suma importancia y es aquí muchas personas fallan porque no lo toman en cuenta.

Después de obtener un veredicto usted experimentará un rompimiento y la respuesta a la oración de manera acelerada y hasta la liberación instantánea de opresión demoniaca.

Al igual que de manera terrenal existen personas que continúan haciendo de las suyas después de ir a la corte, en el mundo espiritual existen espíritus manipuladores que se negarán a creer que usted cambio y volverán a tentarlo unas cuantas veces.

Igual que en el mundo terrenal hay personas que violan las órdenes de restricción (a su propio riesgo) y lo obligan a usted a llamar a la policía para hacer cumplir su derecho, de igual manera, en el mundo espiritual existe el mismo círculo vicioso donde el espíritu volverá a tratar de traerle una recaída.

La manera de tratar esto es hacer el reclamo en la corte unas cuantas veces. Solicite al juez que tal o cual espíritu se niega a obedecer las órdenes de la corte y pídale rendir juicio en su contra. Recuerde que la intención del espíritu es desgastarlo y traer dudas a su mente. Si esto está sucediendo, traiga todo pensamiento cautivo a Cristo (2 Corintios 10:5) con el fin de anular cualquier posible evidencia que el enemigo este construyendo en su contra.

🔑 Recuerde, como hijo de Dios es su derecho venir a su corte tantas veces como sea necesario.

✖ El papel de los ángeles

Salmos 103: 20-21
V20 Bendecid a Jehová, vosotros sus ángeles,
Poderosos en fortaleza, que ejecutáis su palabra,
Obedeciendo a la voz de su precepto.
V21 Bendecid a Jehová, vosotros todos sus ejércitos,
Ministros suyos, que hacéis su voluntad.

🔑 Los ángeles ejecutan los juicios y decretos de Dios. Dios manda la respuesta a través de ellos. Esto solo se consigue a través de la oración. La oración es la visa que permite que estos ministros traigan la voluntad de Dios contenida en los cielos a nuestro territorio (la tierra). Usted como embajador, es quien otorga esta visa. Permanezca en oración hasta ver que su petición sea contestada.

¡Orad sin cesar!

CAPÍTULO 12

Oraciones modelos

--Estas oraciones son una especie de guía para que usted desarrolle un vocabulario según el protocolo de la Corte de Dios. Prepare su caso con antelación según las instrucciones que se detallan en el Capítulo 11. Aunque algunas oraciones dan ordenes al enemigo, por favor recuerde que esto se hace después de pedir el veredicto en la corte; de haber dado las gracias al Justo Juez y de "salir de esta dimensión celeste". Entonces, y SOLO entonces puedo dirigirme al enemigo.--

Para presentarse en la corte

Señor Jesús te doy las gracias por enseñarnos a orar al Padre que nos ama, gracias por esa revelación, gracias porque al ser mi amigo compartes tus secretos conmigo. También quiero agradecerte por ser el juez y porque cuando murió Jesús en la cruz se hizo la mayor transacción legal en la historia y vengo delante de ti según esa transacción hecha, porque la sangre del cordero me hizo justo y por ella puedo pararme delante de ti y tu justicia.

Señor cualquier caso que el acusador tiene en contra mía y mi familia quiero venir a arrepentirme, de todo pecado, iniquidad y motivos equivocados e impuros conectados a sacrificios y me arrepiento. Quiero traer una ofrenda de justicia y pido que cualquier otra ofrenda hecha con el motivo equivocado sea anulada en la Corte Celeste para que no pueda ser usada en contra mía o de mi familia. Señor que mis motivos sean puros déjame amarte y ser amado por a ti. Me arrepiento de cada transgresión, cada acto de rebeldía en contra tuya de mi corazón. Me arrepiento y pido que la vergüenza asociada con estas cosas sea removida ahora, clamo a la sangre para que lo limpien en el nombre de Jesús.

Me arrepiento de las iniquidades de mi línea sanguínea, por fe pido que sean borrados los pecados de mi familia que el enemigo ha usado para operar en contra mía y los míos en opresión. Te pido una revelación en esto según (Filipenses 3:15), me arrepiento por mí y mi línea sanguínea por los pactos hechos con los espíritus demoniacos, delante de ti digo que quiero servirte a ti. Yo y mi familia te pertenecemos, me divorcio de todo pacto con otros dioses y poderes demoníacos y declaró con Josué que yo mi casa serviremos al Señor.

Declaro la sangre para anular todo pacto de mi línea sanguínea que el enemigo quiera utilizar para tenerme cautivo. Todo altar levantado para pactar con el enemigo te pido que sea derribado, los sacrificios sean silenciados y todo portal demoniaco que se ha abierto sea cerrado ahora. Esos portales que traen muerte, depresión, maldición, enfermedad son cerrados ahora. Clamo la sangre para hablar por mí y declaro que mi línea sanguínea es consagrada al Señor en el nombre de Jesús. Todo poder antagónico sea removido, todo verdugo es removido ahora toda obscuridad espiritual es cancelada ahora, quiero ser libre y me declaro libre.

Ahora Padre, gracias porque nos moveremos en nuevos niveles y nuevos reinos de libertad, Amén (Romanos 8).

Para desatar nuestro destino profético

Padre vengo delante de tu corte cubierta con la sangre de nuestro cordero, Cristo, vengo a reclamar las promesas que tu Ley, la Biblia tiene para nosotros los santos.

Padre te pido con el poder y la autoridad que me ha sido delegada. Ejercito esa autoridad y reto a los espíritus familiares que están operando en mi vida y en la vida de mis familiares y amigos.

Pido que todo obstáculo, todo plan para traer ruina y destrucción sea cancelado y declarado inoperante. Vengo declarando que ustedes espíritus familiares no susurraran, difamaran y denunciaran a la gente de Dios.

Ustedes están sujetos y debajo de nuestros pies y serán aplastados y enviados de vuelta a donde pertenecen. Padre declaro en el nombre de Jesús una revelación de hijos y de autoridad y poder en tu pueblo hoy.

justo juez, te pido que las coronas de nuestra identidad real sean manifiestas ahora causando que nos levantemos y brillemos como hijos tuyos que somos, a fin de que cumplamos con nuestro destino y propósito.

Ahora mismo declaro que se desata el destino profético de tu pueblo para que puedan alcanzar sus sueños en el nombre de Jesús.

Petición por un rompimiento personal

Padre vengo confiadamente a tu corte en el nombre poderoso de Jesús. Vengo a pedir por un tiempo de refrigerio en mi vida.

Padre pido que veas esta situación _____ de cada ángulo analizándolo del principio hasta el final.

Padre me arrepiento por cada duda y falta de fe que mis palabras hayan declarado y que han podido retrasar mi rompimiento. Te pido me perdones por dudar de tu habilidad de triunfar en esta situación. Creo que me amas y quieres darme victoria sobre esta situación _____.

Coloco mis pecados en el altar y pido que se les aplique la sangre de Cristo. Padre, ahora en fe yo creo y te doy las gracias por la victoria porque es tu deseo el darnos el reino. Te agradezco y bendigo tu santo nombre y te pido todas estas cosas en el nombre de Jesús quien es el autor y el consumador de mi fe.

Petición por victoria en contra de los ataques del enemigo

Padre vengo confiadamente ante tu Corte Celeste de acuerdo con tu palabra y en el nombre de Jesús

Padre, el adversario ha atacado mi vida en esta área _____. Padre pido a la corte el don de discernimiento de espíritus y la impartición de sabiduría para ver la raíz de pecado que causa este ataque demoniaco.

Padre reconozco que he pecado contra tu voluntad en mi vida y confieso que he pecado en _____, me arrepiento de estos pecados y te pido que los limpies con la sangre de Cristo. Coloco estos pecados en tu altar y pido que la sangre de Cristo sea aplicada.

Gracias padre por tu misericordia hacia mí y el privilegio de poder estar parado en tu presencia. Padre como hijo del rey que eres tú, tengo autoridad de hoyar serpientes y escorpiones y todo poder antagónico del enemigo. Satanás: Jesús compró este privilegio para mí y me apropio de ese derecho ahora mismo en el nombre poderoso de Jesús.

Padre, te recuerdo el pacto bíblico que dice que mis enemigos son tus enemigos y le pido a tu Corte Celeste por ángeles para desarraigar toda cadena que el enemigo tenga usando en mi contra en el nombre poderoso de Jesús.

Satanás tu asignatura en mi contra queda cancelada y no tienes más derecho legal sobre mi vida porque me he arrepentido y mis pecados son cancelados. Te ato en el nombre de Jesús y te ordeno que retires tus manos de _____ en el nombre de Jesús.

Peticiones para situaciones de vida o muerte

Padre vengo a tu corte en el nombre de Jesús y cubierta por su sangre para traerte mi vida que está ante esta situación _____ para pedirte que mi caso pase de la Corte de las Acusaciones al Trono de tu Gracia donde yo pueda obtener tu gracia y misericordia.

Padre le pido a la corte que me llene con los dones del espíritu para que fluyan a través de mí en esta situación, úsame Señor para traer la victoria sobre mis circunstancias en el nombre de Jesús.

Padre revela todo pecado que el enemigo este usando legalmente en mi contra. Me niego a tener pecados ocultos en mi vida que puedan entorpecer lo que tú quieres hacer conmigo.

Arrepiéntase de lo que el Señor le muestre.

Padre te pido por salvación por las personas envueltas en este caso cuyos nombres no están escritos en el Libro de la Vida del Cordero, revelarles el amor de Cristo. Te lo pido en el nombre de Jesús, Amén.

Objeciones en contra de las actividades ilegales de Satanás

Padre vengo confiadamente a tu Corte Celestial en el nombre de Jesús. Padre, yo me opongo y desafío el derecho legal de Satanás para actuar en mi contra. Me baso en mi derecho de que ahora soy hijo, de que soy lavado por la sangre de Cristo, por lo tanto toda operación que fue legal en mi línea sanguínea queda desautorizada por que soy nacida de nuevo.

Satanás no puede atacarme legalmente en el área de _____porque he renunciado a eso en el nombre de Jesús.

En el nombre de Jesús de Nazaret pido que Satanás pare todo trabajo demoniaco en mi contra usando legalidades en mi vieja línea sanguínea.

Mi vieja línea sanguínea no es válida, está operando ilegalmente y tiene que huir porque lo resisto ahora en el nombre poderoso de Jesús.

Peticiones por salvación y liberación de otros

Padre vengo a tu corte en los cielos en el nombre poderoso de Jesús. Traigo esta persona a la corte _____ y te pido por su salvación. Padre tu palabra nos manda a orar por la salvación de todos los hombres.

Padre te pido por tiempos de refrigerio en su vida y te pido que te muevas en favor de _____ en el nombre de Jesús. Pido que se levanten intercesores alrededor del mundo para levantar el nombre de _____ para su salvación y protección.

Te pido que le permitas al ejército de los cielos trabajar de acuerdo con esta persona para que sea traído a los pies de Jesús. Pido al Espíritu Santo que convierta el corazón de piedra en uno de carne que tenga hambre y sed de justicia, un corazón que anhele al Dios verdadero.

Finalmente, Padre, le pido a tu corte que coloque trabajadores a lo largo de su camino, donde quiera que esta persona se mueva y que tú te le manifiestes con señales y maravillas. Te lo pido en el nombre de Jesús.

Te agradezco Padre que _____ será salvo, libre y sano en el nombre de Jesús.

Desatando al ejército de los cielos para actuar en una situación

Padre vengo a tu corte en el nombre de Jesús, cubierto con su sangre para peticionar permiso para que el ejecito de los cielos venga en mi ayuda en esta situación _____.

Padre, te recuerdo que, como hijo del Rey, tengo herencia a todos los recursos celestes.

Ahora te agradezco por enviar tus ángeles a defenderme en mi batalla en el nombre poderoso de Jesús.

Oración para perdonar ofensas

Padre, vengo confiadamente a tu corte bajo la cobertura de Jesús y cubierto por su sangre, la cual es mi pacto contigo.

Yo traigo a _____ ante ti para perdonar las ofensas que he provocado en mi relación con _____, confieso que ya no estoy ofendido por _____.

Padre yo escojo obedecer tu palabra que dice que "el amor cubre multitud de pecados", por lo tanto, yo ahora perdono cada ofensa en mi contra y pido que la sangre de Cristo cubra estas ofensas, así como mi amor las cubre. Te pido que estas ofensas sean lanzadas a lo profundo del mar para nunca ser recordadas y todos los daños causados sean removidos ahora en el nombre poderoso de Jesús.

BIOGRAFÍA

Ángela Bianca Echavarría. es nacida en República Dominicana. Reside en Lawrence, MA desde el año 2010. En el año 1994 se gradúa de Periodismo y Locución en la República Dominicana. Es Escritora y Declamadora. Ganadora del premio "Pluma de Platino" otorgado por el Festival de la Canción de California, en el año 2007 por su poema: Oda Triste a la Tierra Cansada.

Tiene 6 años de experiencia en el mundo de la televisión y la radio cristiana. Ha tenido programas de radio en: La Voz de Fe - Lawrence, MA; Viva 1570 am - Methuen, MA; Impacto 1490 am – Methuen, MA: y de televisión en: Telemundo Boston, bajo el nombre de: Tiempo de Vivir. Además, ha sido invitada en otros programas de igual formato y ha servido de "voz en off" para muchos comerciales cristianos.

Es Pintora certificada en Pintura de acuarela, óleo y acrílico. Productora del Taller de Manos Creativas (Taller de terapia a través de la pintura en grupo). Pertenece al ministerio de danza de las Iglesias Cristianas Fuente de Salvación. Es conferencista y evangelista.

Se gradúa en el año 2013 del Seminario Reina Valera donde recibe los diplomas de: Teología, Ministerio Pastoral, Educación Cristiana y Literatura Sagrada. En el año 2014 se certifica como Consejera Teo-Terapéutica con el Commonwealth of Massachusetts International Board of Chaplain & Therapeutic Community Professional Certification.

El Ministerio que dirige, Tiempo de Vivir, adquiere su nombre de su programa de televisión. Actualmente este ministerio se dedica a dar libertad a los cautivos y dirige un congreso anual que, en unión a otros ministerios, se dedica a equipar mujeres y ministrar sanidad interior y liberación.

Made in the USA
Middletown, DE
26 March 2019